若年性認知症を

笑顔で生きる
笑顔で寄り添う

松本　恭子
田中　聡子〔編著〕
Kyoko Matsumoto
Satoko Tanaka

クリエイツかもがわ
CREATES KAMOGAWA

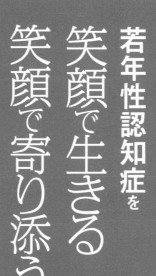

まえがき

若年性認知症は、65歳未満で発症する認知症の総称です。40歳代、50歳代の働き盛りに発症することもあります。高齢期の認知症と同じく、主な症状は記憶障害です。

しかし若年性認知症の場合は、本人や家族が現役世代です。収入があり、職場や家庭で中心的な役割を担っています。若い頃から積み上げてきた努力や経験がやっと生かせる時期でもあり、それなりに社会的地位を確立していることも少なくありません。

そんなときに認知症を発症すると、仕事や日々の生活がうまくいかず、職場に自分の居場所がなくなって失職する人もいます。こうなると、本人のみならず家族も経済的な問題に直面します。未成年の子どもがいる場合は、経済問題だけでなく病名のもつインパクトの大きさによって、子どもへの情緒的な影響も計り知れません。

つまり、同じ認知症でも高齢期に起こる場合とは本人や家族の状況が異なり、それまで積み上げてきた社会的な立場を突然失うことになりかねないのです。

本書の目的は、若年性認知症になっても本人や家族がその後の人生を主体的に生きるためにどんな支援が必要かを考察することです。働き盛りに発症した人は、仕事とどう向き合うのかが重要になります。継続して職場にとどまるのか、新たな居場所で生きがいを見つけるのか、どちらにしても本人と家族への支援は欠かせません。

団塊の世代から昭和30年代に生まれた人たちはバブル経済を経験し、バブル崩壊後のきびしい経済状況のなかでも仕事をしてきた人や、家庭を支えてきた人たちです。こうした世代の人たちが平成の時代をつくり上げてきました。

その人たちが予期せぬ認知症になっても、できる力がある間は当事者の望む居場所で社会的な役割を果たし、活躍してもらいたいと考えます。

こう考えるようになったきっかけは２０１９年４月、松本恭子さんが県立広島大学修士課程に大学院生として入学し、私のゼミに所属したことでした。恭子さんは、夫の照道さんが若年性認知症の疑いを指摘されてから２０１８年10月に亡くなるまで18年間、ともに歩んできた人でした。

恭子さんは「とうさん（照道さんのこと。以後本書を通して同じ）はなぜ、いとも簡単に会社を退職したのか。会社にはもっとできることがあったのではないか」と考えていました。また、39歳で若年性認知症と診断された丹野智文さんの『丹野智文　笑顔で生きる─認知症とともに─』（文藝春秋、２０１７年）を読んで、「とうさんとの違いは何かを考えたい」とも話していました。

そこで、恭子さんの思いを受け止めながら「照道さんのケースを俯瞰するような研究をしていきましょ

松本照道さん（2005年）

う」と話し合いました。

照道さんは2001年6月、52歳のときに「若年性アルツハイマー型痴呆症の可能性がある」と診断されました。当時は「痴呆症」と呼ばれていた時期（「認知症」と呼称変更されたのは2004年）でした。病気のためにミスをくり返し、職場で同僚や部下に負担をかけるようになったとき、会社人間だった照道さんは「お荷物」で「やっかいな人」になってしまったといえます。本人が病名をまだ知らない間に、会社の担当者が家族に退職勧奨ができる時代でした。

照道さんが退職するとき、恭子さんは会社から説明を受けました。しかし恭子さんには、そのとき照道さんの気持ちを十分にくみ取れていただろうかという自責の念がありました。照道さんは誰にも自分の気持ちを伝えず、誰にも理解されずに会社を辞めてしまったのではないか、と令和のいまになって考えたのです。

松本恭子さん（2005年）

認知症の可能性があるといわれて2年余り経過した頃から、恭子さんと照道さんは当事者として発信するようになりました。恭子さんはその折々に、「最初の2年間、私自身がとうさんの病気のことを十分理解していなかった」と述べています。2007年に広島県で開催された「若年期認知症サミット」でも、「夫と私」というテーマでシンポジストとして登壇した恭子さんは、「私がこの病気のことをもっと深く知ろうとしなかった」「2年間の空白は私たち夫婦にとって、すごく大きいものになってしまった」と発言していました。

では2020年の現在はどうでしょうか。呼称が「痴呆症」から「認知症」に変わり、高齢期の認知症には理解が進んでサービスも充実したように思われます。その一方で、若年性認知症への理解は進んだでしょうか。1日の大半を過ごす職場でも理解が進み、認知症を発症した現役世代は職場で継続雇用が可能になったでしょうか。照道さんのように、退職を余儀なくされることはもうないのでしょうか。

また、私は恭子さんの話から、当事者と家族はお互いを思いやりながら別の課題に向き合うのだと考えました。家族はサポートされる側のはずですが、恭子さんは後悔の念を抱きながら介護をしていました。そこに若年性認知症の問題があると考えます。

家族は介護者ですが、同時にサポートされる立場です。認知症の初期には、本人が自分の異変に気づいても、家族には言えないこともあるでしょう。家族にも本人には伝えられないことがあり、サポートされる側であるにもかかわらず、ケアの提供者としての責任を負う立場になってしまいます。さらにいえば、配偶者が若年性認知症になればケアだけでなく、家計や子どもの将来も引き受けざるを得ません。もちろん一人ひとりの置かれた状況が異なるため、抱える課題も異なります。

私は、特に照道さんの診断後の2年間、若年性認知症について十分理解していなかったことやケアサービスを利用しなかったことを悔やむ恭子さんの発言に、家族の負担の大きさを感じました。家族が負担を感じたり後悔したりすることがないようにすることが、まずは課題だと考えます。現実には、家族が一手に引き受けざるを得ないようなことがいまでもあります。

早期診断、早期治療は積極的に推進され強化されています。しかし、若年性認知症への偏見や差別はいまも残っています。また職場が対応に苦慮して、結果的に早い段階で退職を余儀なくされるケースも存在します。本人にとっても、自分が理解されない環境に居続けるのはつらいことにもなります。施策は整いつつあるものの、社会的な支援体制はこれからです。

本書は第1章で、若年性認知症と気づいてもすぐに受診し、職場に業務上の配慮を申し出ることが困難な現状について述べます。

第2章は恭子さんにより、働き盛りの52歳で若年性アルツハイマー病の可能性を指摘された照道さんが、本人の希望や要望を聞いてもらうことなく退職をした経過を、時系列で取り上げます。

2004年12月24日に厚生労働省から「『痴呆』に替わる用語に関する検討会報告書」が示され、法令用語も「痴呆」から「認知症」に改められました。本人や家族が啓発活動やさまざまなシンポジウムに登壇し、自ら声をあげることによる意義は大きいと思います。「呆け老人をかかえる家族の会」も2006年に「認知症の人と家族の会」に名称を変更しました。この時期、照道さんと恭子さんは各地域に出向き、認知症を知ってもらうために発信しました。当時の原稿や記録からも2004年を振り返ります。

第3章は、私と恭子さんの対談を通じて、恭子さんが大学院で何を問いたかったのかを明らかにします。そして家族は何を思い、どんな願いをもって当事者に寄り添いケアをするのかについて考えます。

第4章は恭子さんと共同で、2019年に若年性認知症と診断された夫をケアする2人の妻へのインタビューと、若年性認知症の従業員を5年間継続雇用した企業インタビューから、就業継続の課題について考察します。

第5章は当事者の会に着目し、先進事例を取り上げます。若年性認知症を発症すると周囲も混乱しますが、最も戸惑い葛藤するのは当事者本人です。そうした当事者の思いや声に応える居場所や「認知症カフェ」の活動を取り上げます。

第6章も恭子さんと共同で、若年性認知症に対する企業を対象とした昨今の法整備と取り組みから、今後期待される病気の治療と仕事の両立支援の可能性について述べます。

多くの場合、若年性認知症は職場のなかで気づかれます。それまで簡単にできていたことにミスが目立つ、依頼したことを忘れているなど、普段と違う様子は周囲に発見されやすいからです。そうしたとき、企業はどう対応していくべきかについて考えたいと思います。その橋渡しが若年性認知症支援コーディネーターの役割であると、期待をこめて言及したいと思います。

なお恭子さんは、入学1か月後にすい臓がんが見つかり、抗がん剤治療を受けながら研究を続けましたが2020年5月26日、自身の64歳の誕生日に照道さんのもとへ旅立ちました。したがって本書は、恭子さんの遺作でもあります。

2020年10月

田中聡子

若年性認知症を笑顔で生きる　笑顔で寄り添う

まえがき　3

1 もの忘れに気づいてから若年性認知症を受け止めるまで（田中聡子）　13

1 働き盛りに発症する若年性認知症　14
2 若年性認知症の実態　15
3 若年性認知症発症後の就労状況　19
4 早期発見・早期診断で就労継続の可能性が高まる　22
5 安心して早期受診ができる職場　27
6 若年性認知症とつきあい、生活設計ができるまで　29

2 退職後の新たな役割――若年性認知症を知ってもらう（松本恭子）　33

1 とうさんと私の歩み　35

2　若年性アルツハイマー型認知症の診断の意味　37
3　退職とその後の居場所　41
4　職場での孤立から社会での孤立へ　42
5　若年性認知症を受け入れる　44
6　浅はかな選択　45
7　「限界です。助けてください」――「陽溜まりの会」との出会い　47
8　国際アルツハイマー病協会第20回国際会議の開催と本人の語り　49
9　知ってほしい　50

③　対談・若年性認知症の人の家族の思い
――人生、生き生きと暮らせることを伝えたい（田中聡子×松本恭子）　63

1　研究の原点――とうさんはなぜすぐに退職しなければならなかったのか　64
2　「会社に行くのがつらい」気持ち　66
3　会社でもカミングアウトしないと進まない　69
4　初期なら配置換えにも対応できる　72

5　本人と家族をつなぐ人が必要　75
6　病気と共生する社会へ――若年性認知症の人と家族に伝えたいこと　78

4　若年性認知症の診断から始まる家族の不安と職場の理解（田中聡子・松本恭子）　81

1　若年性認知症の夫を支える妻に聞く　83
（1）受診後、夫がすぐに退職になったAさん　83
（2）継続雇用になった夫をサポートするBさん　89
（3）家族の受け止め方と相談窓口の必要性　92
2　社員のために企業としてできることを取り組む　95
（1）Bさんが勤務するD社の人事担当C氏に聞く　95
（2）D社の取り組みから生かせる4つの視点　98

5　活躍できる「居場所」は当事者がつくる（田中聡子）　101

1　地域に必要な退職後の居場所　102

2　当事者がつくる「レイの会」　104
3　地域とつくるＳＰＳラボ若年認知症サポートセンター「きずなや」　110
4　当事者の思いを形にするための支援　114

⑥若年性認知症に寄り添う支援（田中聡子・松本恭子）　117

1　若年性認知症支援コーディネーターへの期待　118
2　若年性認知症の人への支援は「継続した寄り添い」支援　121
3　本人と家族に寄り添う　122
4　治療と就労を可能にする両立支援への期待　124
5　事業所の意識と今後の展望　127
6　両立支援と若年性認知症支援コーディネーターの役割の明確化　131

あとがき　135

1

もの忘れに気づいてから若年性認知症を受け止めるまで

田中聡子

I　働き盛りに発症する若年性認知症

若年性認知症とは65歳未満に発症した認知症の総称です。すなわち、多くは退職した高齢者ではなく働き盛りの世代の問題ですから、病気による医学的な問題とともに、発症した本人および家族に与える社会的な影響が大きいのです。

認知症は「dementia」に対する訳語です。主な症状として記憶障害があります。また、場所や時間の感覚にズレが生じる見当識障害、計画的に段取りよく物事を進める力が低下する実行障害・遂行障害、判断力の障害、言語をうまく使えない失語、運動機能は正常なのにうまく動作ができない失行、感覚器に異常がないのに物の見分けがつかない失認などの障害が現れます（鷲見・小長谷編、2010）。これらは中核症状と呼ばれ、たとえば「服の着方がわからない」「道具がうまく使えない」などが失行、「道に迷う」などが失認です。

認知症による症状は後天的な障害のため、発達した知能が次第に低下していく状態です（日本認知症学会、2008）。そのため働き盛りであっても、認知症を発症すると前述の中核症状のほか、介護者や家族に抵抗する、急に怒り出す、夜に眠れない、妄想などの周辺症状のいくつかが見られるようになっていきます。

こうした症状が予期せずに出現すると、社会生活に支障をきたします。社会のなかで責任ある地位に就き「まだまだがんばろう」と思っているときに、もの忘れが頻繁に起こり仕事上のミスが増えれば、本人は戸惑い、混乱することもあるでしょう。できていたことが次第にできなくなることの不安、喪失感、戸惑い、あせりなどは計り知れません。

家族も強い不安に襲われることは容易に推察できます。周囲の人たちも声のかけ方すら戸惑い、どう接していけばよいかわからないのが実情です。さらに病状が進行して周辺症状が激しくなると、家族の負担はますます大きくなっていきます。

若年性認知症と診断された人とその家族が、その後にどういう生活設計を立てていけるのか、が課題です。

2　若年性認知症の実態

❶ 厚生労働省研究班の調査（２００９年）から

２００９年に厚生労働省が発表した調査結果によると、若年性認知症の人の数は全国で約３万７８００人、人口10万人あたり47・６人です。内訳は男性57・８人、女性36・７人と男性が多くなっています。30歳以降では５歳刻みの人口階層において、１階層上がるごとに有病率（総数）がほぼ倍増する傾向があります（表1）。

原因疾患は、脳血管性認知症（39・8％）、アルツハイマー型認知症（25・4％）、頭部外傷後遺症（7・7％）、前頭側頭葉変性症（3・7％）、アルコール性認知症（3・5％）、レビー小体型認知症（3・0％）の順です。推定発症年齢の平均は51・3±9・8歳（男性51・1±9・8歳、女性51・6±9・6歳）となっています。

❷ 若年性認知症の10の特徴

たとえば50歳代の男性だと、会社では管理職であることも少なくないでしょう。家を購入し、まだ住宅ローンを完済していない場合もあるでしょう。子どもが中学生、高校生で、これからさらに進学費用が必要な場合や、親の介護を担っている場合もあります。50歳代とは、仕事と家庭において中心的な役割を担うまさに社会を支えている世代です。

小長谷は若年性認知症の特徴を、次の10点にまとめています。

表1）年齢階層別若年性認知症有病率

年齢	人口10万人当たり有病率（人）			推定患者数（万人）
	男	女	総数	
18-19	1.6	0.0	0.8	0.002
20-24	7.8	2.2	5.1	0.037
25-29	8.3	3.1	5.8	0.045
30-34	9.2	2.5	5.9	0.055
35-39	11.3	6.5	8.9	0.084
40-44	18.5	11.2	14.8	0.122
45-49	33.6	20.6	27.1	0.209
50-54	68.1	34.9	51.7	0.416
55-59	144.5	85.2	115.1	1.201
60-64	222.1	155.2	189.3	1.604
18-64	**57.8**	**36.7**	**47.6**	**3.775**

出所：厚生労働省HP「若年性認知症の実態等に関する調査結果の概要及び厚生労働省の若年性認知症対策について」（https://www.mhlw.go.jp/houdou/2009/03/h0319-2.html）より筆者作成

①発症年齢が若い。
②男性が多い。
③異常に気がつくが、認知症と思わず診断が遅れる。
④初期症状が認知症に特有でなく、診断しにくい。
⑤経過が急速である。
⑥認知症の行動・心理症状（ＢＰＳＤ）が目立つと考えられている。
⑦経済的な問題が大きい。
⑧主介護者が配偶者である場合が多い。
⑨親の介護などと重なり、重複介護となることがある。
⑩子どもの教育・結婚など家庭内での課題が多い。

①、②、③、④のような特徴から⑦、⑧、⑨、⑩のような社会的な問題が引き起こされていくといえるでしょう。家庭を支える中心的な人がその役割を担えなくなることは、本人にとっても家族にとっても大変なことです。

また、定年退職者とは異なり、病気によりやむなく退職する人が多いのも特徴です。本人にとっては不本意な退職で、働く場を失うことは、経済的な面だけでなく自分の存在意識も失います。若年者ほど社会復帰への希望が強いのです（小長谷、２０１７）。

❸ 奈良県調査（2012年）から

若年性認知症を対象とした調査は、都道府県単位で実施されているものが多くあります。「奈良県若年性認知症に関する実態調査事業報告書（2012年3月）」（以後「奈良県調査」）は、奈良県内の医療機関、市町村、地域包括支援センター、居宅介護支援事業所、介護保険事業所、障害福祉サービス事業所を対象として患者や利用者の実態把握を行った調査です。したがって、対象者はすでになんらかの医療・福祉・介護サービスの利用者となった人たちです。

報告書では、どの機関でも本人、家族ともに50歳代が多い、発症時期は確定できないものの本人や家族が疑いをもった時期や診断時期は60〜65歳が最も多い、とされています。また二次調査として事業所を通じて本人や家族に質問紙を配布した結果では、疑いをもった時期や診断時期は55〜59歳が最も多く、本人や家族が記憶障害や行動上の変化に気づいても、すぐに受診とはならなかったことがうかがえます。

二次調査ではインタビュー調査も実施されています。医療機関は「若年性認知症の早期発見はまだ難しい」「家族への告知は行っているが本人への告知はケースにより異なる」などと回答しています。また本人・家族の回答は、「日々の生活で『今までと違う』、『何か変だ』と思いながら、病気を疑うに至るまではかなりの時間を要している（自分の居場所がわからない、約束を忘れるなどの症状が多くなって自覚）」「就労している場合は職場から指摘を受けて受診につながる場合が多い（かなり支障が出てからの指摘が多い）」などとなっています。

奈良県調査の有効回答数は77ですが、若年性認知症の現状を率直に表しているでしょう。最初に気づくのは本人です。「何かおかしい」「もの忘れが多い」「仕事でミスをする」とは気づいているのです。しかし「若年性認知症かもしれない」とは思わないケースや、そうかもしれないと思っても精神科診療への抵抗からなかなか認知症の専門外来に行けないケースが考えられます。自由記述欄にも「精神科医療には抵抗がある」との記載があります。

こうして、日常生活や仕事に支障が出てから受診に至るのです。次節で触れる「若年性認知症者の就労継続に関する研究」においても、発症から診断までの期間が1年未満は37・8％、1～2年未満が24・4％、2～3年未満が6・7％、3年以上が13・3％ですから、受診までに1年以上かかる人が一定数存在していることがわかります。

3　若年性認知症発症後の就労状況

独立行政法人高齢・障害・求職者雇用支援機構障害者職業総合センターが「調査報告№96　若年性認知症者の就労継続に関する研究（2010）」および「調査報告№111　若年性認知症者の就労継続に関する研究Ⅱ（2012）」の2つの調査報告書を出しています。

表2は、前者の「若年性認知症者の就労実態調査」（2010）と、後者の「地域障害者職業センター利用実態調査」（2012）から作成したものです。調査方法や対象者が異なるため単純比較はできま

せんが、若年性認知症と気づいたときや診断時点の年齢、その後の就労状況を表しています。

それによると、本人や家族が異変に気づく年齢の平均は、おおむね50歳代前半です。診断時の年齢は、前者が55歳、後者は51歳となっています。田谷（２０１７）が指摘するように、地域障害者職業センターを利用する若年性認知症の人は、異変に気づいてから比較的早く医療機関を受診しているケースが多いということです。

その理由については述べられていませんが、地域障害者職業センターを利用できるということは、病気の受容ができ、社会サービスを活用して生活していこうという気持ちになっているということでしょう。医師や専門家と早期に関わりが

表2）若年性認知症の診断と就労状況

	「若年性認知症者の就労継続に関する研究（2010）」pp53-73	「若年性認知症者の就労継続に関する研究Ⅱ（2012）」pp19-43
調査対象者	若年性認知症家族会（彩星の会、愛都の会、ひまわりの会）を対象（N＝57）	地域障害者職業センター47所、支所5所
家族が本人の異変に気づいた時点の平均年齢	53.58±4.16歳	50.2±6.9（N＝45）
若年性認知症と診断された時点の平均年齢	55.24±4.33歳	51.1±6.9（N＝5）
退職時の平均年齢	55.64±3.59	52.1±7.0（N＝38）
退職理由	%	%
希望して早期退職	31.3	36.8
会社の勧めで早期退職	12.5	21.1
定年退職	16.7	5.3
解雇	20.8	7.9
その他	18.8	23.7

出所：独立行政法人高齢・障害・求職者雇用支援機構 障害者職業総合センターが全国の地域障害者職業センターを利用する若年性認知症者を対象とした「若年性認知症者の就労に関する研究（2010）」および「若年性認知症者の就労継続に関する研究Ⅱ（2012）」より筆者作成

できている人が調査対象だから結果に違いが出ている、と推察します。

一方、若年性認知症家族会などを対象にした前者の調査では、診断されるまでに平均2年ほどかかっています。本人や家族が「何か違う、変だな」と思いながらも専門外来に行けていない時期が、およそ2年ということでしょう。

退職時の平均年齢は55歳前後です。地域障害者職業センター利用者のほうが若干若い傾向が見られます。希望退職はどちらも30%以上です。会社のすすめで早期退職した人は家族会の調査のほうが少ないものの、同調査ではその分解雇の割合が高くなっています。

この点は、雇用が継続できても相談機関に相談しないままだと、結果的に会社との関係が悪化してしまうのではないでしょうか。会社の退職勧奨がよいとは限りませんが、解雇となると本人や家族の心理的な影響がより大きくなると予想できます。

認知症介護研究・研修大府センターの「平成26年度認知症介護研究報告書　若年性認知症者の生活実態及び効果的な支援方法に関する調査研究事業」(２０１４)も、事業所や医療機関でサービスを利用している本人および家族に関する二次調査の結果です。15府県を対象にして３８３の回答を得ています。回答者はすべて本人以外です。

ここでも、認知症に気づいた年齢は56~60歳が最も多く37・3%、次いで51~55歳の21・1%です。最初の受診医療機関は脳神経外科31・3%、神経内科20・9%です。気づきから診断までに要した期間は、1か月未満が27・9%、1~2か月が16・2%など1年未満までで合わせて65・7%になります。しかし1年以上も21・2%あり、無回答も13・1%あります。

調査時の就労状況は、退職した人が66・1％、解雇された人が7・7％、就労している人は転職、休職・休業中を含めて9・5％です。状況はきびしいといえます。

調査回答者は本人以外ですから、本人がいつ異変に気づいたのかは把握できません。

4　早期発見・早期診断で就労継続の可能性が高まる

❶ 早期診断に至らない場合の影響

千場（2015）は調査報告で、公務員である若年性認知症の人がうつ病の診断を受けて休職し、その後認知症の診断を受けたことで退職勧奨となり、本人が追い詰められた事例をあげています。異変に気づいてもすぐに若年性認知症と診断されないケースもあるのです。

そのため、何がなんだかわからず休職する人や、経済的な理由で辞めるに辞められず、十分に仕事ができずに周りに迷惑をかけていると思いながら、つらい気持ちで仕事をしている人がいます（小長谷、2017）。

当事者である丹野（2017）は、初期に顧客の電話番号や大事な仕事を忘れることが増えたものの、付箋やノートに記入し、努力でなんとかこなしていました。3年後にいよいよ顧客を忘れて仕事上のミスが増え、「上司に注意されるようになりストレスだった」と述べています。結局、検査を受けて若年性アルツハイマー型認知症と診断されました。

丹野の場合は上司や社長がサポーティブであり、診断後も仕事を続けることができています。しかし、認知症当事者が仕事でトラブルを起こし、周囲との関係が破綻している場合など、病気になってもできることをいっしょに考えて継続就労に理解を示す職場ばかりではありません。

松本恭子さんの夫、松本照道さんは２００４年10月19日に広島市で開催された「痴呆を理解する広島国際会議」で、次のように語っていました。


「簡単な計算すらまちがえました。メモをかいて、わすれないように、はじをかかないようにがんばりました。しかもメモをかくのも、すばやくできず、せっかくかいたメモをどこにおいたのかと、さがしまわっていました。同りょうには、おかしいぞといわれ、けなされ、くやしかったです。会社にいくのが、つらかったです。(中略)会社からは、やめなさいと、いわれました。いちばんかなしくて、くらいときでした」(真鍋、２００６)

会社に行けば同僚や部下に見下されます。しかし辞めるわけにもいかず、辞めたくないと思っています。本人はどうしてよいかわからず、一人でつらく苦しい状況にいるのです。

「痴呆を理解する広島国際会議」で発表する照道さん（2004年10月19日）

小長谷（２０１７）も、退職を余儀なくされた若年性認知症の人の事例をあげて、「（後から振り返って）仕事をしているときはつらかった。十分に仕事ができないし、何をしてよいのかわからず、周りに迷惑をかけていると思うといたたまれなかった」との思いを紹介しています。

❷ 早期発見・早期診断で混乱を未然に防ぐことができる

このように、病気のことを誰にも理解されず、毎日一人で悩みながら仕事をすることによってさらにストレスが蓄積し、職場がつらい場になってしまうことがあります。しかし、そのつらい職場から逃げ出すこともできません。人によっては、じっと耐えて過ごす期間が数年におよぶこともあります。

診断までの期間が長いと、診断後の職場での処遇に影響すると考えられます。すでに「大変な人」「迷惑をかける人」になってから診断されれば、周囲はそれまでの行動を納得するかもしれませんが、その後もいっしょに働こうという気持ちになるでしょうか。

職場の人間関係が崩れてしまうと、就労継続は難しいといえます。新しく採用する人と違ってそれまでの人間関係もあり、なかには上司だった人にミスを指摘できない状況が長く続いていた場合もあるでしょう。年齢的なこともあり、本人にとっても年下の部下からきびしく指摘されれば、素直に返答できないことなどが起こるのも当然でしょう。

そこからサポーティブな関係に転換するには、本人と同僚の二者関係では難しいと考えます。診断されたときに本人に働く意欲があれば、どういう働き方ができるのか、周囲はそのことにどう配慮できるのか、などの調整がどこかで必要になるといえます。

独立行政法人高齢・障害・求職者雇用支援機構障害者職業総合センターの「若年性認知症を発症した人の就労継続のために」（２０１６）においても、早期発見・早期診断により、職務遂行上のトラブルを回避し、会社内の混乱を未然に防ぐことができること、本人が障害を自覚し、家族が将来の予定を考える猶予期間をもてることが示されています。

本来は職場と本人の関係が悪くなる前に診断され、ミスやトラブルは若年性認知症によるものだとの理解を得ると、対応も変わってくると思われます。また、初期の段階で認知症と診断されれば、周囲のサポート体制も調整できるといえます。ミスやトラブルで上司に叱られ、部下に迷惑をかけてしまうのは、発症前と同じ体制で組織的なサポートもなく、一人でなんとかミスをしないように、仕事をこなそうとするからです。

「公益社団法人認知症の人と家族の会」（以後「家族の会」）の活動を中心に国の啓発活動や支援策が整備されつつある現在でもなお、職場で自ら病名を明らかにしてサポートを受けるにはハードルが高いでしょう。まずは、相談窓口や調整してもらえる機関がないと、不安になり問題を抱え込むことにつながります。

❸ 早期発見・早期診断できない場合のデメリット

早期発見・早期診断ができない場合のデメリットは、効果的な治療を早期に受けることができず、病状の進行が早まっていくことでもあります。それに加えて、職場でミスをくり返し、周囲との関係が壊れていくことです。そのことが、結局は早期退職に結びつきかねません。

一人職場でない限り、職場での支障は同僚や部下、上司がカバーをしています。発症年齢が平均50歳前半と考えると、通常ならその年代の人たちは指示を与える立場だったり、全体を統括する立場だったりするのではないでしょうか。そのポストが機能していなければ、職場はすでに混乱していることになります。本人がそれに気づかず、自分のミスをどうにか周囲に気づかれないようにと必死であれば、同僚とは溝ができていても当然です。

たとえば職場で上司や同僚が異変に気づいた場合、本人ではなく家族に話があることもあります。ある人は、会社から家族に「パソコンのパスワードを忘れてしまい、メールボックスにメールを取りに行くときもその都度教えてもらっている」という様子の説明があり、しばらく休むようにすすめられました。さらに「復帰するのは無理だろう」といわれて退職したそうです（若年性認知症家族会「彩星の会」編、２００５）。

家族が会社から呼び出されれば、何事かと不安になるでしょう。まして、家族も日頃なんとなく異変に気がついていたら、その不安はさらに大きいと思います。会社での様子を聞き、本当に周囲に迷惑をかけていると思えば、何もいえない状況になっていくでしょう。

本人は、仕事がうまくできていないことを自分でわかっています。会社から様子を聞いた家族も弱い立場です。病名がわかったとき、立場の弱い本人や家族が今後どうするのかを考え、その意向に沿ってともに相談していく姿勢が、企業には必要でしょう。

5　安心して早期受診ができる職場

診断までに時間がかかればかかるほど、職場での混乱や人間関係の悪化を招くと考えられます。逆に、診断から退職までの期間は短くなります。ある程度進行した状態で診断されると、その後の働き方の選択肢も少なくなるでしょう。だからといって、早期診断の啓発だけでこの問題が解決するとはいえません。

職場には、安心して早期診断を受けられる仕組みがなければなりません。さらに診断→休職→退職の流れを変えるには、治療を受け、社会サービスを活用しながら働くことができる仕組みも職場に必要です。そこで、最終的には治療と仕事の両立支援の可能性を探りたいと考えます。

若年性かどうかにかかわらず、認知症の支援には早期診断・早期支援が最重要課題であることはいうまでもありません。「家族の会」が内閣官房長官をはじめ関係機関に提出した「認知症の人も家族も安心して暮らせるための要望書（２０１９年版）」の最初の項目も、早期診断・早期支援です。

昨今の認知症支援に軽度認知障害（ＭＣＩ）が着目されていることからも、できるだけ早い段階から医療および専門的なケアを受けながら生活することが、本人と家族の安心につながります。医学的にも、アルツハイマー型認知症であれば進行を遅らせる薬物療法が可能です。本人の日常生活動作（Ａ

ＤＬ）や生活の質（ＱＯＬ）を維持することができ、介護者の負担や費用を減らすことにもなります。

また、若年性認知症の人が自分の異変に気づくのは、高齢者より早いともいわれています（小長谷編、２０１０）。ところが、本人や家族が異変に気づいても、診断までに時間を要する場合が意外に多いのです。その原因として、社会のなかで一定の地位や役割をもっている人の、自分の地位や居場所を失っていくプロセスでの異変の「気づき」だから、との仮説を考えています。

つまり、無症状のときに健康診断で、血液検査から「血糖値が高い」と生活習慣病を指摘されたり、心電図から「再検査が必要です」といわれて精密検査を受けたりするのとは順番が逆です。ほとんどの人は若年性認知症を告知される前に、自覚症状が現れています。自分が仕事でミスをし、トラブルをくり返し、異変に気づいているのです。原因がわからないけれども、若年性認知症だとは思わないし思いたくないでしょう。その時点で、職場と本人の信頼関係に変化や緊張が起きていくのです。

本人にとって経済的なプレッシャーは大きくのしかかります。また、記憶障害を中心とした症状ですから外からわかるわけでもなく、どうにか仕事だけは続けようとがんばってしまうと考えられます。職場で違和感を覚えながら働き、事務所をつぶしかねない失敗をしていたため、アルツハイマー型認知症と診断されて「助かった。これで休める」と思った人もいます（渡邊、２０２０）。このように、無理をしながら働き続けて失敗をくり返し、自信を喪失しながら、職場での居場所もなくしてしまっている場合もあります。

自分が若年性認知症であることを職場に伝える際、その後の働き方が明示されていないと安心して報告できません。これはほかの病気でも同じです。治療を継続しながら働ける確信がないと、無理をして周囲に気づかれないよう必死に隠して働くことになります。結果的にトラブルに巻き込まれ、居づらくなることになります。

加えて、認知症は進行性の病気であり、治療を継続してもやがて記憶障害が進み、仕事ができなくなっていきます。それまでの間をどう過ごすかを一人で考えることは難しいと思います。そこで、職場の産業医や上司、人事を管理する担当課などと十分に話をしていくことが必要になります。

6 若年性認知症とつきあい、生活設計ができるまで

若年性認知症と診断されるまでには、本人に不安、揺らぎ、迷いがあり、職場や家族など他者が異変に気づいて受診をすすめることがよくあります。診断が確定したとき、仕事を続けようと思うのか、あるいは退職して違う働き方や活躍の場所を選ぶのか、決めるのは本人です。

そのときの本人を取り巻く環境が一人ひとり違います。子どもが小さい人、親の介護を抱えている人、家族のケアを期待できない人、妻が専業主婦である人、配偶者が多忙を極める仕事に就いている人など、それぞれの家庭の事情が異なります。

たいていの場合は、職場で迷惑をかけたくないと思うのと同じように、家族に負担をかけたくないと考えてしまうでしょう。それどころか、自分が働くことができなくなったら家族はどうするのかと

心配になるでしょう。こうした葛藤を抱えて生活しています。

本人のこの葛藤や不安は、理解されていないように思えます。なぜなら、家族もまた、認知症との診断に動揺し、自分がしっかりしなければならないと追い詰められていくからです。互いに余裕がなくなり、当事者の思いをじっくり聞けない状況になるのではないでしょうか。

「家族の会」は2012年に「全国本人交流会」を開催し、翌2013年に「認知症の本人および若年期認知症の人への支援のあり方と普及についての調査研究事業報告書」を発行しています。その後も「家族の会」は本人交流を続け、本人が発信すること、本人の言葉で伝えることを広報誌、研修会、講演会などで発信し続けています。

こうした「家族の会」の長年の活動は、会報「ぽ〜れぽ〜れ」紙上に「本人登場」として若年性認知症の人が掲載されたのが、2020年10月号で180回にのぼることにも表れています。そこではそれぞれ、自らのこれまでの経過と現在の生き生きとした生活を語っています。笑顔の写真が掲載され、いろいろな人生のあり方を考えさせられる記事になっています。

記事に出てくるのは、退職して次の仕事をしている人、当事者として居場所に参加する人や音楽活動をする人などさまざまです。診断から笑顔で発信できるようになるまでには、それぞれに困惑や揺らぎ、一進一退の経過があるでしょう。家族もまた、本人とは違った思いで笑顔になるまでをサポートしてきていると考えます。

若年性認知症に対する相談機関や支援体制は、次第に整備されつつあります。特に2015年の「認知症施策推進総合戦略（新オレンジプラン）」以降に強化されてきています。にもかかわらず、今日でもまだ、異変に気づいてもすぐに受診ができない場合や、診断後に自分から職場に業務上の配慮を申し出ることができない人、家族が周囲に相談できずに抱え込むケースも存在します。
本人や家族は、若年性認知症を取り巻く目に見えない偏見や差別にいつまで悩まされ、不安に襲われ続けなければならないのでしょうか。そうした思いを乗り越えないと、笑顔でその後の人生プランを設計できません。そこに問題があると考えています。

引用・参考文献

・小長谷陽子『本人・家族のための若年性認知症サポートブック』中央法規出版、２０１０年、70‐71頁
・小長谷陽子「若年性認知症の実態と社会的支援」『実践　成年後見』№66、２０１７年、69‐77頁
・厚生労働省ホームページ「若年性認知症の実態等に関する調査結果の概要及び厚生労働省の若年性認知症対策について（２００９）」https://www.mhlw.go.jp/houdou/2009/03/h0319-2.html（２０２０年5月1日アクセス）
・厚生労働省ホームページ「認知症施策推進総合戦略（新オレンジプラン）～認知症高齢者等にやさしい地域づくりに向けて～（概要）」https://www.mhlw.go.jp/file/06-Seisakujouhou-12300000-Roukenkyoku/nop1-2_3.pdf（２０２０年５月10日アクセス）
・公益財団法人認知症の人と家族の会「認知症の本人および若年期認知症の人への支援のあり方と普及についての調査研究事業報告書」２０１３年
・公益財団法人認知症の人と家族の会「認知症の人も家族も安心して暮らせるための要望書（２０１９年版）」http://www.alzheimer.or.jp/wp-content/uploads/anshinyoubousyo2019.pdf（２０２０年4月28日アクセス）
・若年性認知症家族会「彩星の会」『若年性認知症とは何か「隠す」認知症から「共に生きる」認知症へ』筒井書房、２００５年、80‐85頁
・田谷勝夫「若年性認知症者の就労継続の実状と支援の課題」『労働の科学』72巻8号、２０１７年、４‐７頁

・丹野智文『丹野智文 笑顔で生きる―認知症とともに―』文藝春秋、２０１７年、20-35頁
・千場功「若年性認知症者の就労を支え、本人と家族が安心して生活できる環境を」『労働と科学』70巻8号、２０１５年、22-25頁
・独立行政法人高齢・障害者雇用支援機構障害者職業総合センター「調査研究報告№96　若年性認知症者の就労継続に関する研究」２０１０年
・独立行政法人高齢・障害・求職者雇用支援機構障害者職業総合センター「調査研究報告№１１１　若年性認知症者の就労継続に関する研究Ⅱ―事業所における対応の現状と支援のあり方の検討―」２０１２年
・独立行政法人高齢・障害・求職者雇用支援機構障害者職業総合センター編「若年性認知症を発症した人の就労継続のために」情報印刷、２０１６年
・日本認知症学会『認知症テキストブック』中外医学社、２００８年、8頁
・認知症介護情報ネットワーク（認知症介護研究・研修大府センター）「若年性認知症者の生活実態及び効果的な支援方法に関する調査研究事業　報告書（平成26年度）」https://www.dcnet.gr.jp/support/research/center/detail_245_center_2.php（２０２０年4月20日アクセス）
・奈良県「奈良県若年性認知症に関する実態調査事業報告書」（２０１２年）http://www.pref.nara.jp/27982.htm（２０２０年4月5日アクセス）
・真鍋弘樹『花を　若年性アルツハイマー病と生きる夫婦の記録』朝日新聞社、２００６年、49-54頁
・渡邊雅徳「私らしく仲間とともに」『ぽ～れぽ～れ』４７４号、２０２０年、10頁

2

退職後の新たな役割

――若年性認知症を知ってもらう

松本恭子

若年性認知症の主要課題は、就労問題と居場所問題です。男性が当事者であれば、ちょうど会社でバリバリと働き、活躍する世代での発症です。いまの50歳代は、1980年代に就職してバブル経済を経験した世代です。ある人は管理職になり、またある人はこれまでの経験や技術を生かし、職場のなかで一定の地位に就いているでしょう。

そうした人が病気によってもの忘れが増え、ミスが増えて職場での信頼関係が崩れたとき、一番戸惑うのは本人でしょう。こうした状況が進むと仕事に行くのが億劫になり、次第に職場で自分の居場所がなくなっていくこともあります。

アルツハイマー病の可能性を指摘される1か月前、琵琶湖遊覧船「ミシガン」に乗船（2001年5月、滋賀県で）

医療機関を受診するまでにすでに職場に居づらい雰囲気ができていることもあります。今後について十分に話し合うまでに退職してしまうこともあるでしょう。仕事が中心で生活していた人が再就職や次の仕事を考えずに職場を失えば、日中の居場所に困るのは目に見えています。住んでいる地域にも居場所がありません。

そこで本章では、2001年に52歳で「若年性アルツハイマー病の可能性がある」と診断されたとうさん（夫・松本照道）のケースを、当時の私の日記、企業や病院と私とのやりとりなどをもとにして、時系列に記述します。

I　とうさんと私の歩み

とうさんは２００１年に、「若年性アルツハイマー病の可能性がある」と診断されました。当時52歳で、通信系大手のA社に勤務していました。妻の私は45歳、中学校の教員でした。

子どもがいなかったので仕事中心の生活で、平日は二人で遅い夕食を取り、その後軽い晩酌をするような日々でした。この当時は共通した会話も少なく、翌日の仕事のために早めに就寝するのが常でした。

とうさんがA社に就職したのは大学卒業後です。技術職で、通信網がどんどん拡大する時代を背景にして、主に資材調達や施設計画の仕事で、数字の検討に追われていました。

私は大学卒業後、ずっと広島市内の中学校教員として勤務し、２００１年当時は生徒指導困難校といわれた中学校で進路担当をしていました。帰宅は毎日午後8時を過ぎていました。週末ですらクラブ活動のために出勤していました。

夫婦でお互いのことを話し合うのは月に一度、必ず二人で出かけたドライブのときくらいでした。当時、私は自分の仕事を第一に考えていました。長く二人で生活し、いまさら相手のことを気にかけるわけでもない雰囲気でした。

こうした日常生活のなかで、とうさんの病気は次第に進んでいきました。ところが技術職で無口なとうさんは、家でもあまりしゃべらず、どちらかといえば聞き役でした。夕食時には私が一人で話をしていました。もしかしたらすでに言葉数が少なくなっていたのかもしれないのに、私は聞くのがとうさんの役割だと思っていました。

当時のとうさんを悩ませていたのは、両足の膝から下の下腿部分に潰瘍が広がる難病でした。数年前から入退院をくり返していました。原因も治療法もわからない状況で、ケロイド状の潰瘍が進行していました（結局、この病気の完治は２００７年までかかりました）。

２００１年６月に、３回目の入院をすることになりました。私は、足の治療のために皮膚科に入院するものと思っていました。しかし、この入院は会社の健康管理室からのすすめで、皮膚科ではありませんでした。私はそれを、入院後20日ほど過ぎた頃に会社の健康管理室からの連絡で初めて知りました。

そういえば入院前日の夜、とうさんが見せた「入院指示書」という書類には「dementia」と記載されていました。英和辞典で調べると「物忘れ*」とありました。そのとき不思議に思いましたが、それ以上は何もしませんでした。な

足の治療で入院中に照道さんが病室の窓から見た風景を描いたスケッチ（1998年）

ぜこのときにもっと疑問に思って、とうさんとゆっくり話ができなかったのか、その後ずっと後悔することになりました。

またこのとき、とうさんは入院までの経緯を私に一切話しませんでした。実は、とうさんは以前から自分の異変に気がついていました。会社で、もの忘れからくるミスを上司や同僚に何度も指摘されていました。しかし、家では会社で起こっていることを話さなかったのです。

ひょっとしたら毎晩、とうさんは何かを話そうとしていたけれども、私は忙しくて受け止めることなく流してしまったのかもしれないと、とうさんが亡くなってからも思い返して後悔しています。

＊2001年以前の英和辞典を含め、「dementia」は「痴呆」（『新英和中辞典』研究社）や「認知症」（『プログレッシブ英和中辞典』小学館）などと訳しているものが多い。「物忘れ」は筆者の記憶違いか、あるいは何かの機会にソフトな表現として使ったものが記憶に残ったのではないかと推測される――田中注。

2　若年性アルツハイマー型認知症の診断の意味

入院の日、とうさんは一人で手続きをしていました。とうさんは私に、いっしょに入院の手続きをしてほしかったのだと思います。しかし私は、生徒指導の仕事に忙殺されていました。

その後検査が終了し、診断と今後について病院内でカンファレンスが行われました。その大事なカンファレンスにも遅刻するほど、私は仕事に追われていました。その場で担当の医師より、計算力の著しい低下を伝えられ、「若年性アルツハイマー型痴呆症の可能性があります」と告げられました。医師からはさらに「もう少し検査を続けたほうがいい。当初予定より入院を1週間延ばしたい。いろいろ検査するためです」といわれました。

しかし私はこのとき、「若年性アルツハイマー型痴呆症」についてまったく知識がなく、ことの重大さを受け止めることができませんでした。

とうさんは、医師の前では黙って下を向いてうなだれていましたが、先にカンファレン室から走って出て行ってしまいました。部屋を出て右か左か迷ってウロウロしていたとうさんに声をかけると、「僕ね、あの医者嫌なんよ。馬鹿にされている気分になるんだよ」と訴えていました。

診断結果をとうさんの会社に電話で伝えました。入院が1週間延びることを説明すると、診断書を提出するように指示がありました。そのときも私は、単に入院中の脳神経内科の診断書を出せばよいと思っただけでした。

この頃、私の勤務校で生徒間の大きなトラブルが発生していました。私は生徒の指導や家庭連絡などの対応に連日深夜まで追われていました。自分の仕事のことでいっぱいだったのです。自分の仕事のほうが大変な状況だと思っていました。そのため、とうさんや会社と十分な話をすることもなく、診断書を会社に提出していました。

この原稿を書いている２０１９年12月現在、手元に当時の診断書があります。病名欄に「計算力障害。記銘力障害」、病状に「記銘力の低下」とあります。こんな診断書を会社に出せばとうさんがどうなるのか、私はどうして考えがおよばなかったのだろうかと思います。

退院前に担当医から「脳の骨髄液にたんぱく質が多くなっています。服薬治療を進めたいので相談しましょう」といわれました。しかしとうさんはこの医師の診察を極力避けたがり、私に「診察は嫌だ」と強くいいました。「自分が馬鹿にされている気分になる」と訴えたのです。

「100引く7の答え93からまた7を引く。その答えからまた7を引く……。そんな検査ばかりされるんだ。かあさんはできるか？」

「私は数学の教師よ。できんわけないよ。でも7は面倒な数だから、苦手な人は多いだろうね」

そんな話をしていましたが、私は病気を詳しく調べようとはしませんでした。認知症が広く知られるようになったいまでは、考えられないことだと思います。しかし私はこのとき、とうさんのことはとうさんがきちんと対応できていると勝手に思い込んでいたのです。仕事が忙しくて調べる時間的余裕もありませんでした。また、高齢者の「痴呆症」が52歳で早く発生しただけという程度で、深刻にも捉えていませんでした。

そして、とうさんが医者と治療を嫌がるならとうさんの思いを優先しよう、と考えました。退院の日、私は服薬をすすめる担当医に次のように伝えました。

「服薬治療や通院治療をしません。ただ月1回の皮膚科受診を続けます。つながっているので、何かあったらまた来ます。様子を見ていきます」

この時期に、とうさんの職場の健康相談室の保健師から電話でとうさんの状況について問い合わせがありました。「平素から要領を得ない問答が続いているので、職場では松本さんを心配しています。

家庭では奥様が困ったことはないですか。何か変だと思うことはありませんか」という内容でしたが、私は「自宅ではいつもと変わりありません」と答えていました。

このとき、入院は職場の健康管理室の担当医がすすめたとのことや受診指導したいきさつについて説明を受けました。自宅でのとうさんは要領を得ないような素振りも会話もなく、晩酌しながらの会話が多いので、私は「酔いの回りが早いなあ」と感じる程度だったのです。

その後、8月中旬にとうさんの上司から電話があり、広島美術館の喫茶室で会うことになりました。そのときの話は「いまのまま仕事を続けることは難しいのではないか。松本さんも、好きなことをやったほうが、今後の生活は充実したものになると思うので、奥さんからもすすめてほしい」というような趣旨でした。これを聞いた私は、何かわからない怒りがこみ上げました。私は次のように言い放ちました。

「退職させません。私の職場にも、仕事のできる人、できない人がいます。いっしょにカバーし合って仕事をしています。仕事を組織的にするってそういうことではないでしょうか。できないからといって切り捨てるんですか。29年働いてきた主人に、あなたや会社はそんな仕打ちをするんですか。主人のできることを見つけて、いっしょに働くのが仲間と違いますか」

ドライブ旅行に行った四国でそば打ちを体験する照道さん。職場の上司から電話があったのはこの日だった（2001年8月）

しかしこの件について、とうさんからはその前も後も1回も話はありませんでした。とうさんは、この日に私が上司と会うのを知っていました。とうさんはなぜ「上司との話はどうだったか」と聞かなかったのでしょう。忘れてしまっていたのか、言い出せなかったのか、もう確かめることもできません。

3　退職とその後の居場所

9月6日、とうさんがいいました。

「仕事（会社）を辞める。退職する。屈辱的に仕事をするのがつらい」

私は「毎日帰宅が9時過ぎだから、とうさんの日中まで知らないよ（面倒みられないよ）」と答えました。上司に説得されたのか、自分で辞めようと思ったのか、これから日中どうするのか……。いろいろ考えましたが、これまで本人の意思を尊重し合って過ごしてきましたから、とうさんが辞める気になっているならもうどうしようもないと思い、とうさんの気持ちに沿うことにしました。

こうして、とうさんは会社に行かなくなりました。有給が残っていたので12月末、勤続29年の会社を退職しました。

とうさんが家にいるようになると、最初のうちは家事を担当するようになって助かっていました。

私は生活をほとんど変えることなく、祝日も朝から学校に出かけました。
とうさんと私は暮れの12月28日、いっしょに退職を祝いました。

4　職場での孤立から社会での孤立へ

ミスをして人に迷惑をかけているという負い目や、プライドをなくすと、職場での居場所をなくしていきます。上司や部下から何度も間違いを指摘され、「しっかりしてくれよ」という視線を感じながら職場に行くのは、本当につらいものです。

こうした状況が続けば会社に行きたくないし、上司から暗に「違う道を考えたほうがよい」といわれても、それをはねのける力もありません。誰でも人は、自分が失敗したことを他人に知られたくありません。いくら仕事にミスや失敗はつきものといっても、できればないほうがよいのです。同僚に冷たい目で見られることほどしんどいことはありません。働き盛りの人にとって、職場の評価が自分の生きがいです。職場での人間関係は仕事を通した関係です。その根幹が崩れれば、生きる意欲すらなくしてしまうこともあります。

とうさんは、つらかったけれども、それに笑って耐えたのだと思います。妻にも本当のことをいえず、抱えていた思いを誰にも聞いてもらえず、どんなにつらかっただろうかと思います。

とうさんは仕事を辞めて主夫をしましたが、そこに居場所はなかったと思います。辞めた当初はよくパチンコに行っていました。そこくらいしか居場所がなかったのだと思います。職場を退職することで、社会的なつながりがなくなってしまったのです。本当は、次の居場所が必要だったのだと思います。

その要因の一つは、私の若年性認知症に対する知識のなさでした。当時は本当に、高齢者の認知症に少し早くかかってしまったと思っただけだったのです。

けれども、本人や家族に病気の知識がなければ、それをていねいに説明するのが医療関係者ではないでしょうか。いきなり「計算力が落ちている。若年性アルツハイマー型痴呆症の可能性がある」なとといわれても、どんな病気で、どんな症状があり、その後どのような経過をたどるのか、家族や周囲はどうすればよいのかを教えてほしかったと思います。また、とうさんが嫌がった検査をなぜ行うのかなどの説明もしてほしかったのです。病院には担当医だけでなく、相談室には看護師や医療ソーシャルワーカーなどが配置されているはずですから。

しかし、結果的にとうさんと私は、早期診断、早期治療が有効であるにもかかわらず、「知らない」「理解していない」ことで何も治療しないことを選択してしまいました。それが、その後18年間続く闘病介護生活のスタートでもありました。

5　若年性認知症を受け入れる

症状は進行していました。二人で遠出したとき、とうさんがハンドルを握れば、事前に説明していても交差点のたびに「次は右か左か」とあわてました。大学病院に行く途中、どこにいるのかわからなくなって交番に駆け込んだことも聞きました。私も、だんだん変になっていると気がついていました。それとともに、左右両下腿の皮膚の炎症も続いていました。定期的に病院を受診していましたが、皮膚炎の症状が悪化しました。２００３年8月に集中治療のため再度入院になりました。

このとき看護師にすすめられ、２年ぶりに神経内科を受診しました。担当医が片山医師に代わっていました。改めて「若年性アルツハイマー型痴呆症」と診断されるとともに、片山医師からアルツハイマー病の一般的な進行について夫婦二人で説明を受けました。私はそのとき、次のようにメモしていました。

- あと3年から5年で歩けなくなる。いずれ何もできなくなる。
- 自分で便をいじるようになる。汚れたものを触るので、手指を清潔にすること。
- 長谷川式テストの結果は、２年前は24点であったが、今回15点である。

・記憶が残せるうちに旅行したほうがいい。楽しい思い出をいっぱいつくっておく。
・この病気は快復することはない。ずっと進行していく。進行を遅らせることはできても進行を止めることはできない。
・新しい治療薬の治験が始まるので、その治験を受ける。その後服薬治療を開始する。

急速に進行していること、近い将来にとうさんが大変なことになると、やっとわかりました。私は混乱し、茫然となりました。

とうさんは、自分の病気に全然興味がないようで、言葉が頭に入らない感じに見えました。診察室を出てから「わしにわかるように教えてくれ」といわれましたが、このとき私はとうさんに説明できませんでした。

6　浅はかな選択

投薬治療を開始しましたが、この状況でさえ私は誰の助けも求めませんでした。私は、自宅に他人が入ることが恥ずかしかったのです。しかしそれは、自分の教師としてのプライドが邪魔をしただけで、とうさんの日常を思うまでには至りませんでした。

友人・知人・同僚・親戚・姉兄弟・年老いた両親など、誰にも「夫がアルツハイマー型痴呆症である」と打ち明けることはできませんでした。とうさんの日常を支えたいと思うよりも、自宅に他人が入り込むことへの抵抗から、自分だけで何とかできるし、しようとも思ったのです。カミングアウトして人や社会に頼ることはできませんでした。

またそれは、治療をすればこれ以上病気が進まないという淡い期待もあったからです。二人だけで静かに暮らしてみせる、とも思っていました。定期通院のつき添いのため、授業をぎっしり詰め込んで何とか半日の年休を確保していました。こうして二人は世間から孤立していきました。

絵の定点観察

下の絵はいずれも、照道さんが写真のマグカップを描いたもの。

2004年5月26日

2004年8月15日

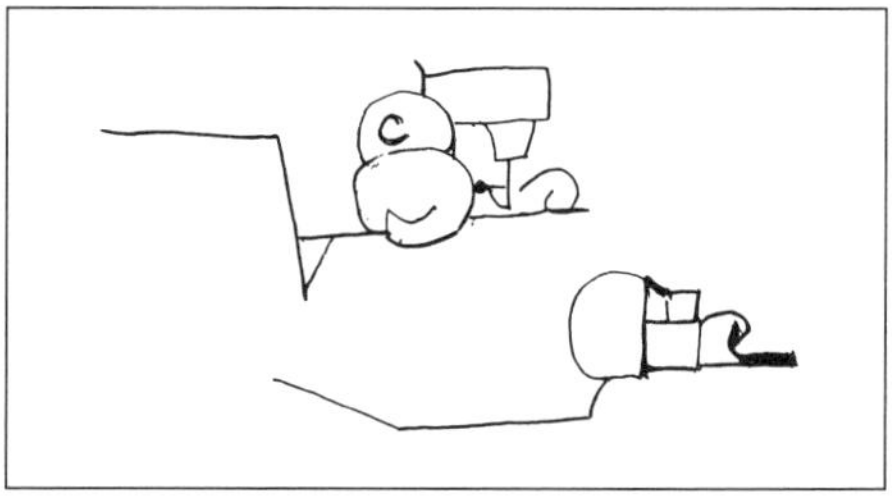

2005年6月21日

介護保険が使えることも知りませんでした。仕事を投げ出すことなく全うしたかったし、とうさんのことも含め、すべて一人で背負い込んでやってみせると意気込んでもいました。

ふり返ると、浅はかな選択だったと思います。とうさんがどうしたいのか、これから二人でどんな暮らしをしようかと、とうさんの気持ちに寄り添い、本人を中心にしてこれからのことを考えることはありませんでした。

7 「限界です。助けてください」
――「陽溜まりの会」との出会い

「症状が進まない」という祈りは通じませんでした。とうさんは、それまで一人でできていた運転、外出、調理などが次々とできなくなっていきました。それどころか、とうさんは「怖いからこれからはもう一人では外に出ん」と、家に引きこもってしまいました。

これからどうしたらよいのか不安になり、受診時に片山医師に相談しました。すると2日後に予定されていた「陽溜まりの会」への参加をすすめられました。とにかく二人で参加してみました。

「陽溜まりの会」は、介護者の全国組織「呆け老人をかかえる家族の会」（現「認知症の人と家族の会」、以後「家族の会」）の広島県支部の取り組みとして、２００３年12月に設立された会です。働き盛りの世代で認知症を発症した人とそのパートナーが月に一度集う、全国に先がけた広島県支部の活動でした。

２００４年６月26日、その「陽溜まりの会」で「アルツハイマー型痴呆症」の配偶者を介護する３組の夫婦と出会いました。世話役やボランティアの人たち、片山医師の姿もありました。

それまでどうしてもカミングアウトできなかったのに、なぜか私は思い悩むすべてを話すことができました。話しているうちに涙声になり、しゃくり上げるほど激しく泣いてしまいました。自分ですべてを抱え込み、誰にも弱みを見せたくなかった私が、そのつらさを吐き出すことができたのです。自分の気持ちをわかってもらえる人がいることで、初めて正直になれました。それまでのつらかったこと、どうしていいかわからなかったこと、これから先が不安でたまらないことなどを聞いてもらいました。

介護者から介護保険の申請手続き、医療制度や介護サービスなどの利用方法を教えてもらいました。介護者自身のこれまでの体験談を聞き、介護保険サービスを利用することにも納得できました。

私はこのときまで、介護保険サービスは65歳以上の高齢者しか利用できないと思っていました。どこにも相談に行かなかったので、医療や福祉の制度もサービスも何も知りませんでした。とうさんが障害年金を申請できることすら知らなかったのです。もっと早く助けを求めていたらいろいろなサービスを利用できたことなどに気がつきました。

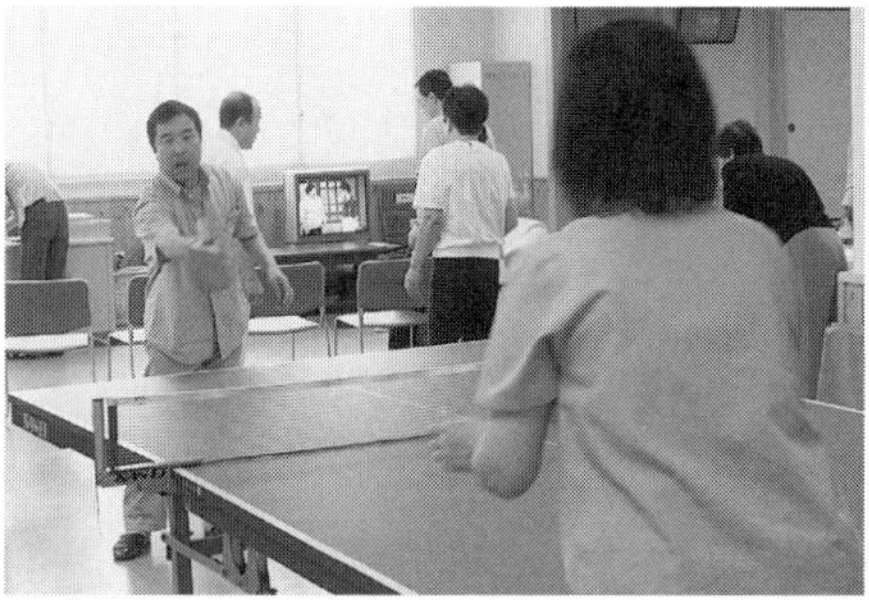

陽溜まりの会に参加して夫婦で卓球を楽しんだ
（2005年８月）

以下は助言してもらった内容をメモしたものです。

・介護保険は53歳でも使える。40歳以上で利用できる特定疾病に、とうさんは該当する。
・介護保険は申請しないと利用できない。申請の手続きは利用者や家族が行う。
・サービスを利用するにはケアマネジャーと契約してケアプランを作成してもらわないといけない。ケアマネジャーは利用者が選ぶことができる。
・日中の活動を確保するためデイサービスに通う方法がある。
・介護者が不在のとき、訪問介護というヘルパーさんが家に来るサービスがある。
・男性のヘルパーを要請することができる。
・障害年金の申請、申請方法など。

8　国際アルツハイマー病協会第20回国際会議の開催と本人の語り

2004年は、認知症を発症した当事者、家族にとって大きな転換の年でした。その一つは200

4年12月24日、厚生労働省より『「痴呆」に替わる用語に関する検討会』報告書が示され、これまでの「痴呆」という呼称が「認知症」に改訂されたことです。

もう一つは、2004年10月15日から17日まで国際アルツハイマー病協会第20回国際会議・京都・2004（以後「ADI第20回国際会議」）が国立京都国際会館で開催されたことです。この国際会議では、当時57歳の当事者が「治りたい、働きたい、妻に恩を返したい」と語りました。初めて若年性認知症の人が自分の言葉で発信したのです。国内外から認知症の人が12人参加し、7人が登壇しました。認知症問題を考えるとき、本人の思いを尊重することが基本であると社会が理解するきっかけになりました。

その後もこの年、とうさんのほかにも大阪の男性が顔と名前を公表して思いを語りました（「理念と未来を考える学習会テキスト」認知症の人と家族の会、2018年）。

9 知ってほしい

❶「痴呆を理解する広島国際会議」で発表（2004年10月19日）

「ADI第20回国際会議」の2日後の10月19日、広島で「痴呆を理解する広島国際会議（以後「広島国際会議」）」が開催されました。そのオープニングで、「わたしのねがい」と題してとうさんが発表しました。

　これは、広島国際会議の2か月ほど前に片山医師から声をかけてもらったものです。私は、とうさんの思いを伝えていくことがこの病気に対する理解を広めていくことだと思い、引き受けました。若くしてアルツハイマー病にかかってしまったとうさんが、毎日どう生活し、苦しんでいるのかを広く伝え、支援の手を差し伸べてほしいと訴えたかったのです。私一人ではどうしようもないところまできてしまった悔しさ、とうさんに対する心苦しい気持ちも強くありました。

　とうさんが広島国際会議で発表する原稿をつくる時間は、とうさんが断片的に話す言葉を集めてつづる共同作業の時間になりました。若くしてこの病気になると、発症と同時に職場を追われ、何もすることがなく、何もできなくなっていく自分と向き合いながら過ごす時間が、何とも過酷な時間であることを伝えたかったのです。と同時に、その過酷な時間とずっとたたかっていたとうさんの思いを初めて知りました。原稿には、とうさんの思いがすべて詰まっていました。

　あるとき、とうさんが「弁当をつくってほしい」といったことがありました。それは昼食時、いっしょに食堂で食べる人もなく、食堂に行くこともつらかったからだとわかりました。

　自分がどうにかなっていく不安を抱えて、会社に行っていました。ミスをして上司や同僚から注意を受けて、悔しかったと思います。そんなことにもまったく気づきませんでした。退職後も、できていたことがだんだんできなくなる不安のなかで、毎日を過ごしていたことも知りました。

「陽溜まりの会」に参加し、介護保険サービスを利用するようになって、人とつながり、楽しいことが増えたこともわかりました。会社を辞めても、新しい居場所を見つければ人と人とのつながりのなかで生きることができることも、原稿をつくりながらとうさんに教えてもらいました。

「とうさんごめんね」

そんな思いがあふれ出てきました。とうさんも、その原稿を読むたびに涙目になっていました。

「ありがとう。ごめんな。ぼくがんばるけ～」

と、思い出したように私にいっていたとうさんとの
この時間が、私の生きる支えになりました。この大役を誠実にこなそうと、とうさんとともにたたかったことが、その後を生きる励みになりました。

退職しても、こうしてとうさんは輝くことができる、と伝えたかったのです。

「広島国際会議」の企画運営は、広島臨床痴呆研究会、難病対策センターや薬品会社および「家族の会」などが参加する実行委員会で行われていました。シンポジウムをメインにして、オープニングとフィナーレで認知症本人のメッセージを届ける場があり、市民啓発の新しい形としてマスコミにも着目されました。

当日までとうさんと、原稿を読み上げる練習を何度も重ねました。しかし、何度やってもうまくなりませ

自宅で発表練習中（2004年10月19日、出かける直前）

ん。若年性アルツハイマー型認知症の場合、練習することは本人に負荷を与えすぎるので逆効果だったと、ふり返って反省しています。「継続は力なり」を信じ切る教師の本性だったのかもしれません。とうさんに立派に発表してほしいという強い思いだったのです。

当日の朝を迎えました。「とうさんの凛とした姿を見てほしい」と依頼し、千葉県からとうさんの実姉も来広しました。退職以来初めてとなるスーツにネクタイ姿のとうさんが、まばゆく見えました。しかし、ネクタイを自分で締めることができなかったし、これから何が始まるのか理解していないとうさんに、私のほうが不安でいっぱいでした。

広島平和公園内にある国際会議場で16時スタート。とうさんは、日頃支えてもらっているヘルパー、サポーターといっしょに登壇しました。私は舞台袖で静かに原稿ととうさんを見比べ見守り、ただただ「とうさん、失敗しないで」と祈っていました。

〈発表原稿〉

みなさん、こんにちわ。わたしは、松本照道　と　もうします。55歳です。わたしは　妻のことをかあさんと呼びますが、かあさんと　2人で　くらしております。

わたしは、さいきん、ことばで、あらわすことが、むつかしくなりました。自分がどこにいるか、わからなくなるので、一人で、外出しません。しかし、かあさんや、ヘルパーのあさくらさん、ひだまりの会サポーターの山根さんをはじめ、わたしを、ささえてくれる人たちのおかげで、おだやかに、今を、すごすことができます。

きょうは、わたしのびょうきについて知ってもらい、まわりで、ささえてくれる人がひつようなことをわかっていただきたいと、はなしをします。そして、わたしたちが、おだやかに、くらしていける　かんきょう作りのこと、くすりを　かいはつしてほしいことを、こころから　ねがって、はなしをします。

わたしは、まわりの人に、めいわくをかけたくない。じぶんでできることは　じぶんで　したい。でも、まわりのひとの　たすけがないと　くらしていけません。このつぎに、なにをしたらいいいか、じぶんでは、決めることができないからです。こんなふうになったのは、45歳のころからです。足くびのけっかんの　そしきがくずれ、ひふが再生しない病気になり、その後、入退院を続けました。

それまで、わたしは　しごと、ひとすじの人でした。いえと　会社を　往復する　毎日でした。かあさんも　しごとひとすじの人で、休日に　二人で　ドライブするのが　共通の　楽しみでした。

しかし、なかなか、しごとがおぼえられなくて、すみません、教えてください、と　たずねる

登壇し支援を受けて発表する照道さん（2004年10月19日）

ことが　ふえました。何度も何度も　同じことをきくので　いやがられました。パソコンを開くたびに、自分の　パスワードがわからず、いつもこまりました。かんたんな計算すらも　まちがえました。メモを　かいて　わすれないように、はじをかかないように　がんばりました。しかし、メモをかくのも、すばやく　できず、せっかく　かいたメモも　どこにおいたのかと、さがしまわって　いました。

同りょうにもおかしいぞといわれ、けなされて、くやしかったです。まちがえないかと　そばで　かんしされました。

会社に行くのが　つらかったです。かあさんの作った弁当を　食べるときだけは、ほっとしました。しごとで　いそがしい　かあさんは、いやがったのですが、たのんで　作ってもらった弁当をもって、会社へいきました。

はじめて、あたまの検査をしたのは　52歳でした。29年間　きんむしていた　会社のすすめでした。

MRIなど　いろいろ　けんさ　されました。もんしんも、されました。しつもんに、こたえられないし、とてもいやでした。会社では、けなされるのに、そのうえ、いろいろ　テストされることは、だめな人間だと　きめつけられるようで、いやでいやでたまりませんでした。

アルツハイマーの　かのうせいがあると　せつめいされたのですが、つういんは　したくない　と　こたえました。

会社からは、やめなさいと　いわれました。いちばんかなしくて、くらいときでした。「おしえてくれ？　わしにはわからん。どうなるんだ。あたまは　かすかすか？」といって、かあさんを　こまらせました。

明るい　気分にしてくれる　かあさんと　いえですごすときが　いちばん　うれしかったです。かあさんは、「家事をして、のんびり　すごしたらいいよ」と　いってくれました。足くびのびょうきは　一進一退をくりかえしていたので　足のちりょうは続けました。しかし、あたまの　ちりょうには　行かずに、家で　ゆっくりと　すごすことにしました。しごとで　いそがしい　かあさんの　かわりに、かんたんな　家事をして　気ままにのんびり、2年をすごしました。

その　あいだに、できていたことが　どんどん　できなくなって　いきました。くるまの　運転は　こわくて　もうできません。自転車も　乗れなくなりました。買い物も　できなくなりました。すうじが　区別できないので、電話も　かけません。自分が　どこまでも　だめになっていくので、不安です。少しのことで　ないています。

かあさんが　かえってこないと　何もできないので、かあさんが　きたくすると　しぜんとなみだが　出ます。

かさむちりょうひのことや、これからのことを、すべて　かあさんが、ひとりでがんばっているので、すまないです。

しかし、片山先生との出会いが　あかるい方向につながりました。昨年の8月、足くびの血管炎のびょうきが　ひどくなって　大学病院に　入院し　第3内科の　診察をうけたのがはじまりです。片山先生は、わたしたちに　しんさつ時間を過ぎても　納得するまで　説明してくれました。よい治療の道を　探してくれました。あきらめず、明るい　気持ちですごすために、いろいろ　おしえてくれました。ひだまりの会　ちいきサービスの利用、いりょうの現状を、おしえてもらい、これからのことを、かなしまなくてもよい、とわかりました。

昼間、かあさんのいない間は、ずっと一人で、家にいるのですが、ヘルパーのあさくらさんのおかげで、卓球したり、CDをきいたり、ピアノをひいたりとあかるくすごすことができます。

ひだまりの会にでかけると、会員の人たちと　笑顔で　弁当を食べます。あせを　いっぱいかいて　卓球し、本当に　たのしいです。

よいくすりの開発がすすんでいるとききました。はやくのみたいです。元気になりたいです。なんで、こんなになったのか、くやしいです。なんでも一人でできたころに、もどりたいです。そして　ひとりでがんばっている　かあさんを　らくにしてやりたいです。

わたしは　あたまは　びょう気でも　からだは　とても元気です。重い　にもつも　はこべます。だから、することを　いってもらえば　たいていのことは　できます。人のやくに立つこともできます。そばで　ささえてくれる人と、笑顔ですごす時間をたくさんもって、人のやくに立ちたいです

できたことが、どんどんできなくなっていくくやしさや、あたらしいことをおぼえることのできないなさけなさをわすれて、明るくくらしたいです。よい薬ができるまで、あきらめずに、明るくくらす手助けをまわりにいる皆さんに、こころからお願いします。

わたしと同じ病気の人たちも、ささえてくれる人がいれば　ふつうに暮らせます。私たちが、ささえてくれる人と、一緒に、えがおで　すごせる　時間と場所づくりも、　こころから　お願いします。

（松本恭子作成、当時のノートより）*

＊同様の原稿が、社団法人呆け老人をかかえる家族の会編『若年期認知症 本人の思いとは何か―松本照道・恭子夫妻の場合』（クリエイツかもがわ、２００５年）に紹介されている。それは２００５年６月５日に京都で開催された「家族の会」25周年企画の講演会で照道さんが発表するために準備されたもので、本書収録原稿をベースに、広島国際会議での発表やデイサービスに通い始めたことなど、その後の変化を反映した手直しが施されている。しかしこの日は広島のときと異なり、照道さんは全文を読むことができなかった――田中注。

❷ クリスティーンさんとの出会い（２００４年10月21日）

『私は誰になっていくの？――アルツハイマー病者から見た世界』（クリエイツかもがわ、２００３年、原著はオーストラリアで１９９８年刊）の著者クリスティーン・ボーデン（当時はクリスティーン・ブライデン）さんが、「ＡＤＩ第20回国際会議」開催に合わせてオーストラリアから来日していました。クリスティーンさんは、認知症の人といえども決して何もわからないわけではないこと、記憶力が衰えていくことで本人も苦しんでいること、そして患者本人の心を知って寄り添って支援していくべきことを、日本で大きく前進させるきっかけになった人だといえます。

クリスティーンさんは京都での会議で講演後、広島

元オーストラリア政府高官で認知症であるクリスティーンさん（中央）と夫のポールさん（右）とともに（2004年10月21日）

国際会議にも参加していました。そこで、広島の認知症当事者のとうさんとの会談（共同インタビュー）が設定され、宿泊先の広島のホテルで会うことになりました。

最初に「痴呆がある人に質問するときは、ゆっくり話してほしい。私たちは一生懸命聞いて考える時間がいるんですよ」と、インタビューは認知症の世界を伝える活動をしているクリスティーンさんならではこその発言で始まりました。

クリスティーンさんと出会い、若年性認知症になっても活動して社会に発信することができる、とうさんにも発信する力がある、とうさんといっしょに世の中の人に若年性認知症のことを知ってもらうことが大事だと、改めて思いました。

❸ 本人の思いと家族のカミングアウト力

「広島国際会議」に向けて10月9日〜11日、HNKの密着取材を受けていましたが、それが10月22日にオンエアされました。「放送を見たとうさんの友人から連絡が来るといいな。とうさんの友人たちに、とうさんを連れ出してもらえるといいなあ」と、そんな期待を込めて取材を受けました。

こうして私は、一人で抱え込んでいた若年性アルツハイマー型認知症のとうさんとの生活を、放送を通じて広くカミングアウトすることができました。最初は家にヘルパーが来るのさえ嫌だったことを考えると、４００人の聴衆やテレビで周知することなど想像もできない行為でした。けれども、とうさんのことを知ってもらうことは、とうさんや介護者である私のためだと考えるようになりました。

若年性アルツハイマー型認知症について一人でも多くの人、とりわけ介護職や医療職以外の世間の人に理解してもらいたい。会社でもの忘れが目立つ人がいたら気づいてほしい。自分の周囲に不安そうで困っている人を見かけたら、ゆっくり声をかけてほしい——。

私は、こうした認知症本人の思いを届けたかったのです。何もわからなくなるのではないこと、病気になっても輝く場があること、当たり前の日常生活を送りたいと思っているからこそ、周囲の理解が必要なことを知ってもらいたかったのです。

3

対談・若年性認知症の人の家族の思い
――人生、生き生きと暮らせることを伝えたい

田中聡子×松本恭子

I　研究の原点
――とうさんはなぜすぐに退職しなければならなかったのか

田中　大学院に進学したのはなぜですか。

松本　とうさん（夫・松本照道）を介護していました。私が定年退職したとき、グループホームに入所しているとうさんを引き取って自宅で介護するために、自分が介護技術を修得したかったのです。医療的な知識も必要と思い、まず看護学校に行こうと考えました。看護学校に2年行って准看護師の資格を取り、その後とうさんを家で介護するつもりでした。

大学院の受験を考えたのは看護学校の2年目のときです。看護学校を卒業してとうさんを家で介護しながら、大学院で勉強ができないかと思ったのです。

田中　進学した大学院は看護ではなく福祉の分野ですが、それはどうしてですか。

松本　在宅介護とは別に、とうさんが「若年性アルツハイマー病の可能性がある」といわれてからも18年間生きてきたことをきちんとまとめて世に問うておくことが、後に残った私がとうさんにできることではないかと思ったからです。

田中　何を問いたかったのですか。

松本　18年間を思い出して一番悔しかったのは、認知症の可能性を告げられてすぐに辞めさせられたことです。それはいまどうなったのか、社会はどう変わったのか、とうさんが悔しかったことに対していまはどうなったのか——。私がとうさんにできることは、それをまとめることだと思いました。

田中　松本さんは2004年の「陽溜まりの会」での出会いから「呆け老人をかかえる家族の会」（現「認知症の人と家族の会」、以後「家族の会」）の会員ですが、そこで若年性認知症の人の就労支援の話はいくつもあったのではありませんか。

松本　丹野智文さんらが就労支援を受けて仕事を続けている話を「家族の会」で聞くたびに、とうさんになぜそれができなかったのか、どこがいけなかったのか、とずっと思っていました。

就労を継続している人は、福祉関係や会社などからさまざまなサポートを受けています。そういう人がとうさんの周囲にはいませんでした。そのまま、とうさんはすぐに辞めさせられてしまいました。

「仕方がない」と、最初は私が引き受けました。その後、介護保険サービスを利用するようになって、とうさんに関わる人のいろいろなサポートのおかげで、私は仕事を続けられました。とうさんだけ退職して、

陽溜まりの会での松本夫妻（2005年8月）

私はずっとやりたい仕事を続けたので、このやり方がよかったのかどうか、違う方法はなかったのかと思っていました。

田中　恭子さんが仕事を全うできたのは照道さんのおかげだから、今度は照道さんのためにできることとして、照道さんの悔しい思いを問いたかったのですね。ところで結局、看護師資格は取得したのですか。

松本　２０１８年10月にとうさんが亡くなり、看護師資格は必要なくなったので看護学校はやめました。それで、社会福祉の立場でとうさんのことを考えてみようと思いました。私の18年間の引っかかりを解決しようと考えたのです。

田中　照道さんの退職の経緯や状況について改めて考えてみたいということですね。

2　「会社に行くのがつらい」気持ち

田中　照道さんは「痴呆を理解する広島国際会議」（２００４年10月19日）で、「会社に行くのがつらかった」と発言しています。そのことについてどう思いますか。

松本　学校ならつらいことがあってもみんなでなんとかするのに、なぜ会社ではできないのかと思いました。けれども、とうさんが辞める前に「会社に行くのがつらい」とは聞いたことがありませんでした。広島の国際会議での発表に向けてとうさんといっしょに原稿をつくっているときに、初めて知りました。そのとき、とうさんに「弁当をつくってほしい」と頼まれた意味も初めてわかりました（第2章51頁参照）。辞める前、とうさんは会社でいろいろ困っていたことを話さなかったのです。

田中　照道さんは辞める前に何度か配置転換されていますね。

松本　後になって聞いたのですが、その頃は会社自体が組織改編の大きなうねりのなかにあったので、配置転換は職員全体にたくさん提示され、退職勧奨もなされていたそうです。だから、その波にさっさと乗せられてしまったのかもしれません。何度も配置転換があったと思います。

田中　いつ頃からですか。

松本　48歳頃から配置転換が始まっていました。けれども家ではまったくわかりませんでした。私はとうさんのことをわかっていなかったのかもしれません。辞める前、とうさんの「つらい」という気持ちは知りませんでした。弁当についても、とうさんは「いろいろ入っておいしいね」といっていただけで、そのときは本当の意味もわかりませんでしたし……。

ほかにもみんなに馬鹿にされるなど、後でわかったことはたくさんあります。だからこそ、ハンディのある人が職場に出てきたときに何かできることはなかったのか、それを伝えたいと思いました。

田中　それまでに照道さんのことで、職場の人と話したことはありましたか。

松本　２００１年８月に会社の人と広島美術館で会ったときが最初で最後です。でも私は、丹野さんの著書や第４章のBさんの事例（89頁参照）を通して、ハンディのある人といっしょに仕事をする社会になってきたことを実感しました。

田中　障害者雇用枠に転換した人や、働きやすい部署に配置転換するなどの配慮をするケースも出てきています。２０００年当時に比べると、「痴呆」から「認知症」に変わって、社会も認知症に対する認識が広がったのではないでしょうか。

松本　そう思います。とうさんのときはできなかったのに、若年性認知症になってもいっしょに働けるようになったのだと思いました。その一方で、第4章のもう一人のAさんのケース（83頁参照）のように、会社から状況説明を受けて辞める人もまだいます。

けれども、若年性認知症の人が障害者枠の雇用になるケースあるいは治療と仕事の両立支援で、ほかの病気と同じような対応に終わらないようにしてほしいと思います。認知症のハンディを正しく理解してもらい、脳の障害で進行する病気であるという認知症支援につなげたいと思います。進行してできなくなることもあるので、ほかの病気とは違うように

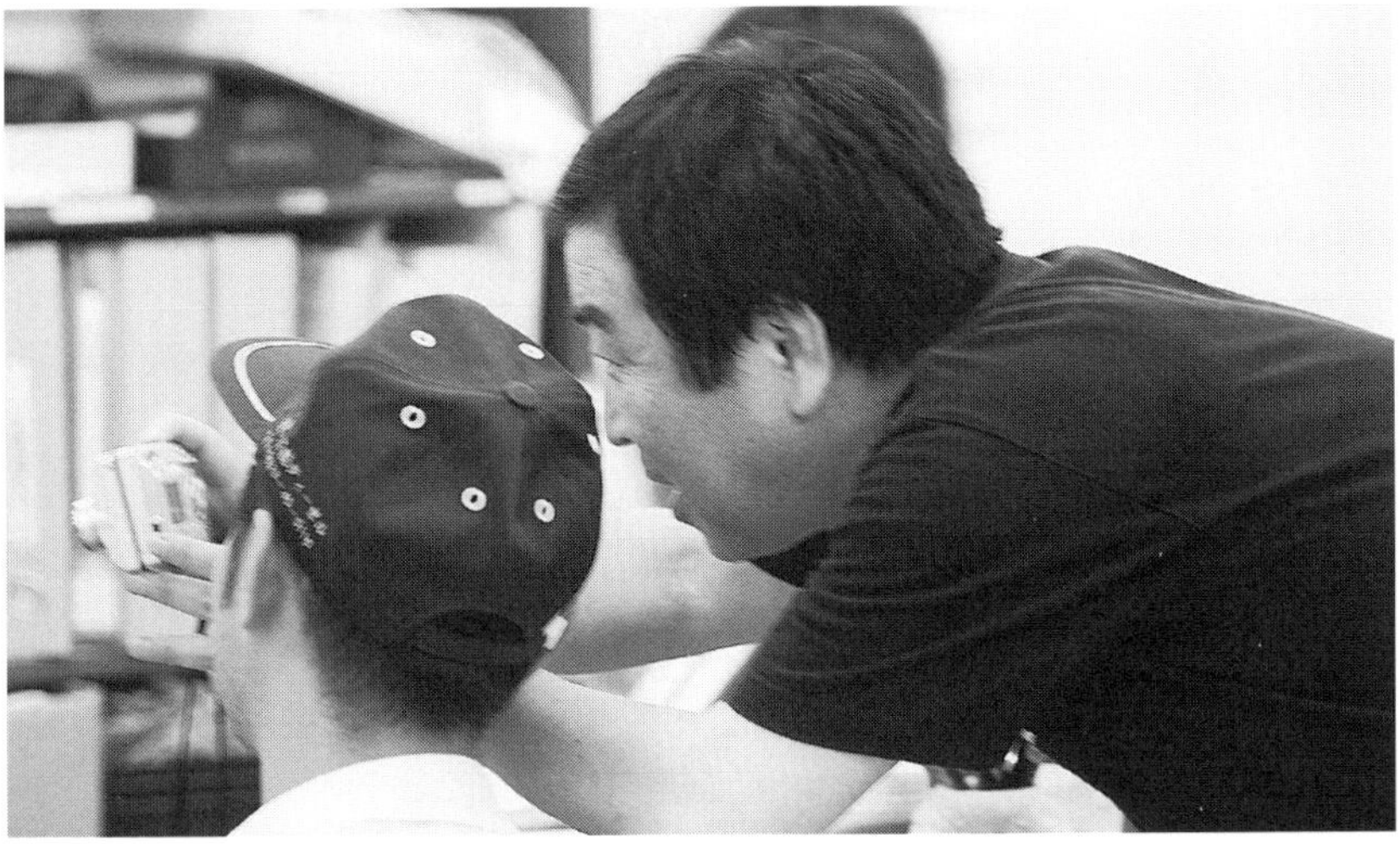

デイサービスで写真を撮る照道さん（2005年9月）

思うのです。

田中　制度や枠組みは、障害者雇用や両立支援を上手に利用すればよいと思います。ただ、障害者雇用といっても一人ひとり違います。両立支援も、同じ診断名でも病気の状態などの身体的な状況、その人の環境面など社会的状況や仕事への意欲や今後の思いも違うわけですから、そこはどんなカテゴリーでも、必ず本人の思いに沿った支援や調整が必要だと思います。だから、認知症でひと括りにはならないと思っています。

病気になったとき、就労を継続するかどうかは本人が決めることだと思うのですが、たとえば次第に忘れることも多くなるとき、それまで会社で担っていた役割あるいはポストが換わることが、かえってつらいということもあるのではないでしょうか。「家族の会」の会報には、「診断されて『助かった。これで休める』と思った」という記事（第1章28頁参照）もありましたが……。

松本　若年性アルツハイマー型認知症のどの時期での支援か、ということがポイントだと思います。初期の段階なら、サポートがあれば本人はできるのです。

3　会社でもカミングアウトしないと進まない

田中　私も、初期の段階に周囲も若年性認知症だとわかればサポートができると思います。ただ、異変に気がついても多くの人はすぐには医療機関を受診しないことも、先行研究でわかっています。診断までにミスをくり返してトラブルになっていることもありますが、その点はどうでしょうか。

松本　早い段階で受診することが大事だと思います。いまは診断も早くなっていますし、早く診断されればそれなりの援助ができると思います。早期受診、早期診断、そして早期から周囲がサポートできる社会になってほしいと思います。

田中　そうですね。周囲も何だかわからないと、だんだん仕事ができなくなっていく人に対してどう関わってよいのか、診断もされていない段階で憶測だけで判断はできないと思います。その間に職場の人間関係も崩れていくように思います。

一方で、自分の異変に気がついても、その先の自分が不安であり不確定だと、安心して医療機関を受診できないと思います。とはいっても、もしも病気だったらどうしよう、と考えたりするとは思うのですが……。

松本　Bさんのインタビューでは、初めてのケースだから会社も困ったけれども、何とかしようということでした（第4章95頁参照）。でも私は、会社でもカミングアウトしないと進まないと思います。そうしないと、周囲も何もできません。職場の人間関係が崩れるのも、カミングアウトしないからだと思います。

私は、とうさんがいろいろなところで話をするときや「家族の会」でも、カミングアウトするようにいってきました。私自身がなかなかできなかったからこそのカミングアウト派です。

初期の頃、私は本当にカミングアウトできませんでした。とうさんが病気になったことをいえたのは2004年です。それまでは私のプライドが邪魔をして、ギリギリまで誰にもいえませんでした。私一人で抱えて自分でなんとかすると思っていました。

田中　カミングアウトができないのは、プライドのためだけでしょうか。

松本　自分で何とかしようと思うからではないでしょうか。私の場合、他人に頼る前にまずは家族が何とかするのが当たり前だと思っていました。また私たちは夫婦二人で自立していたので、当時は親戚なども、困っても頼る対象という感覚ではありませんでした。私が介護するべき、しなくちゃいけないという気持ちが強く、自分はできる、強い人間だと主張したかったのだと思います。見栄っ張りでしょう。

田中　カミングアウトしたほうがよいのは、家族ですか、本人ですか。

松本　両方です。ただ私は「家族の会」で、本人よりも家族がカミングアウトして、サポートしてもらうことが大事だと発言してきました。私がカミングアウトしなかった間に一人ではどうしようもない状況になってしまったので、そのことを伝えたいと思いました。カミングアウトすれば、当事者も家族もいっしょになって、困難な環境を乗り越える力につながっていったはずです。

田中　2004年の「陽溜まりの会」で初めてカミングアウトできたときは、どうでしたか。

松本　そのときはとうさんが引きこもりになっていたので、いろいろなサービスにつながって外にも行けるようになり、とうさんにとってはよかったと思いました。デイサービスの準備や、家にいろいろな人が入って来るので私は大変でしたけれども、とうさんはいろいろな人と話ができて、つながりも広がりました。会社を辞め、なすすべもなく過ごす引きこもりの毎日から脱出できました。

4　初期なら配置換えにも対応できる

田中　照道さんは会社での配置転換のことなどを、どうして在職中に妻の恭子さんに話さなかったのでしょうか。

松本　やさしい人だったので、私に気をつかっていたのかもしれません。

田中　家族に心配をかけたくないという思いでしょうね。働き盛りの人ならば、家族に「この頃よく忘れて、仕事がうまくいかない」といえるでしょうか。

松本　そうですよね。とうさんも、私と問題を共有しようとは考えず、自分で何とかしようと思ったのかもしれません。とうさんがもの忘れについてカミングアウトしていたら、いっしょに病院に行ったかもしれませんが、職場のことはまったく話しませんでしたし、何か聞くと笑って過ごしていたように思います。

田中　職場で自分が異変に気がついたときに、どうして会社に気軽に相談できないのか。それが問題だと思います。

松本　会社の歯車に乗り遅れたくないという焦りがあったのかもしれません。企業人として、社会的な責任を果たせない自分自身に焦りもがいていたのでしょうか。

田中　本当は、自分のためにも早期に診断されるのがよかったのですが、なかなかそれができないのが若年性認知症の問題でしょう。たとえば、バスや電車などの公共交通機関に携わる人であれば、異変に気がついたら安全性を考えても、もはや個人の問題にとどまらず社会的な責任としても医療機関を受診しないといけないと思います。しかしそれも、診断後のライフプランや保障があって初めて、安心して受診できるのではないでしょうか。

松本　確かに、安全のためにも企業としてもリスク回避としても、カミングアウトしないといけないと思いますが、その後のことは不安で仕方ないでしょう。

田中　そういう状況だからカミングアウトできないのではないでしょうか。カミングアウトできる環境が整うのが大事だと思いますが、どうでしょうか。

松本　それを大学院で発信していきたいと思いました。

田中　すでに出版などで発信している人もいますが、誰でもカミングアウトして発信できるわけではありません。立場の弱い人や、そもそも毎日の生活で精一杯の人が病気を発症することもあります。そ

デイサービスでお年寄りに話しかける照道さん（2005年9月）

うした人でも安心して生活できるように考えていきたいと思います。

そのためには、カミングアウトできるかどうかを本人や家族の力だけに頼らないことだ、と私は思います。そういう異変があったときに、気軽に相談できる窓口と、今後をいっしょに考えられるように周囲の環境を整えることだと思っています。

でも当時は、恭子さんですら認知症についてよくわからない状況でしたから、やはり照道さんが積極的に医療機関を受診するのは難しかったと思います。いまなら、認知症だと思って受診してそう診断されても、配慮のある配置転換をはじめ本人が希望したら就労継続もできるように、少しずつ整ってきていると思います。

ただ難しいのは、配置転換した仕事を本人が受け入れられるかどうかだと思います。たとえば管理職だった人なら、補助的な仕事でも望んで就くことができるかどうかです。それまで何十年もかかって積み上げてきたキャリアや役割から離れることや今後の自分について、本人が決めていけることが大切だと思うのですが……。

松本　本人が病気になったことを納得して別の部署に配置換えになるのも、初期ならできると思います。自分が長く働いてきたから、その会社に所属していることも大事だと思います。本人が望むなら、私は働いてほしいと思います。とうさんには続けてほしかったと思っています。

田中　だからやはり、早期の受診が大事なのでしょう。本人を交えて会社も家族も今後のことについて同じテーブルでいっしょに考えていく上でも大事だと思います。

松本　病状が進んでしまったら、障害者雇用枠でもよいから会社の一員としてほしい、というのが私の考えです。

田中　それは家族としての思いですか。

松本　認知症の人は自分の思いを言葉としてうまく表現できません。だから初期のうちに本人の気持ちを聞くことが必要だと思います。職場で仕事が換わっても、カミングアウトして「若年性認知症になってこれまでの仕事ができないから、自分ができる仕事をします」という感じでできるのではないでしょうか。

田中　そういう考え方もあるとは思いますが、これまで仕事人間だった人はどうでしょうか。

松本　あるときを境に、自分の思っている方向とは違うことを周囲に指示されるのは嫌だと思います。それまで携わって誇りに思っている仕事から離れるのも、嫌だと思います。

田中　だからやはり早期診断が必要で、サポートして本人の希望に沿う仕事ができることが大事です。本人と会社、家族が十分に相談し、納得することが大切でしょう。

5　本人と家族をつなぐ人が必要

田中　第4章の調査協力者のAさんとBさんのインタビューから考えたことはありますか。

松本　子どもが小さいAさんは、若年性認知症の夫とともに、子どもの将来にも不安があるように感じました。やはり母親なのだと思います。介護者である妻のBさんの家族は、夫との間に娘が入ってうまく関係が保たれていると思いました。

それぞれの家族の背景が違うので、大切なことや大変なことも違うと思います。Bさんの家庭のように、子どもが社会人になって介護者をサポートする存在になっている場合は、介護者一人が抱え込むこともなく、むしろ相談できる身近な人になっていて、二人の関係をほほえましく思いました。

また「夫とともに病気を生きる」二人の女性と、介護を考えるときの家族の人間関係という視点での奥深さを考えていました。

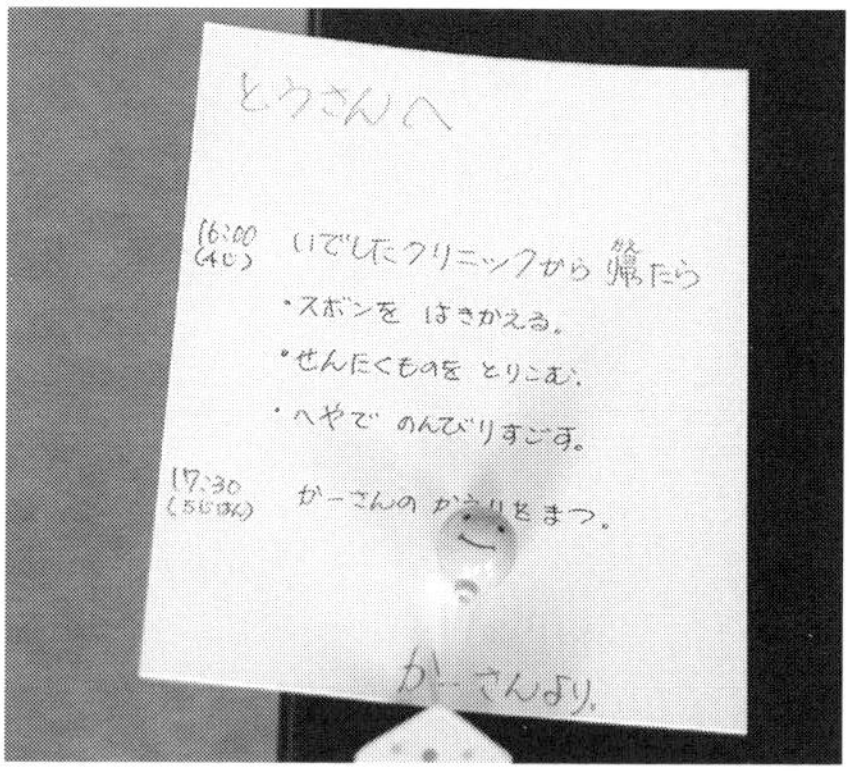

恭子さんが毎日書いていた照道さんへのメモ

田中　特に子どもの年齢によってずいぶん違うわけですね。恭子さんの場合は「若年性認知症の可能性がある」と診断され、照道さんが退職しておよそ2年は誰にも相談せず、「家族の会」に出会って初めて救われたということですが、その後恭子さんを支えた人は誰ですか。

松本　とうさんが利用したデイサービスやグループホームの職員です。グループホームに行くと、いつも夜勤の職員からいろいろな話を聞きました。やはり、本人と家族をつなぐ人が必要だと思いました。

だからAさんのところも、子どもが成長したらBさんの娘さんのような存在になるでしょう。いまは、夫と娘の両方の今後を背負っているように思いました。

田中　そうですよね。家族で介護者以外に支える人がいない場合は、誰か別の相談できる人が必要でしょう。自分のしんどさを共有してもらえる、しかも気軽に相談できる人です。予約などの手続きも必要なく、困ったときや不安になったとき、ストレスなどでいっぱいになってしまったときに、ちょっと一息入れてもらえるような人だと思います。

もう一つ、企業等を対象とした研修会（第6章127頁参照）に参加してどう思いましたか。

松本　若年性認知症と診断された人が同じ職場でともに働く共生社会の実現には、まだまだ道半ばという感想をもちました。

平成27年度から各県などに若年性認知症支援コーディネーターが設置されるようになって、就労支援を中心としてハンディのある人たちにやさしい社会の醸成が日本社会に必要だという世相が見られるようになってきました。その一方でアンケートの回答でも、若年性認知症に関して、具体的なサポートよりまずはどんな病気かを知りたいなど、入り口の段階だと思いました。

また、2000年に介護保険が導入された頃と変わらない事例が存在していたのも残念です。認知症と診断されたら即退職の事例は何とかならないものかと思いました。

6 病気と共生する社会へ
——若年性認知症の人と家族に伝えたいこと

松本　大学院に入学して1か月が過ぎた2019年5月、私はすい臓がんの宣告を受け、がんの疼痛で苦しみました。抗がん剤投与の副作用とたたかいながら、体調不良で苦しむ日々でした。

田中　そうでしたね。でもこの研究を続けていきたいという強い思いがありましたね。

松本　とうさんが亡くなった後も、旅行に行こうとか、これからは自分のために生きようなどとは、あまり思いませんでした。

　とうさんのことで18年間をふり返ると、介護の問題でした。さらに、人と人とのつながりや地域の問題でした。結局、とうさんを介護したとき、介護関係者を

講演会の演壇に立つ照道さん（2005年6月）

はじめ地域の力や周囲とのつながりが支えになりました。だから今度は自分が支えたいと考え、民生委員や団地の世話人など地域のことをしようと思ったのです。

田中　認知症の人にとって大切だったのは、家族だけでなく地域や周囲の人たちとのつながりだったわけですね。

松本　その後に私自身が病気になって、自分の居場所を考えました。とうさんのことをやり切って納得したいと思いました。私はとうさんを見送ったけれども、全部やり切れたとは思っていません。これから若年性認知症の人を介護する人に伝えたいことがあるのです。

それは本人も家族も、この病気で周囲に迷惑をかけているとは思ってほしくない、ということです。病気なのですから、それと共生できる社会でないといけないと思います。ハンディのある人も若年性認知症の人も同じなのに、脳の問題だからと周囲の受け取り方が違います。これを何とかしたいと思うのです。

とうさんの18年間は、会社を辞めてもとても輝いていたことを知ってほしいのです。とうさんはとうさんなりに一所懸命生きたのです。18年間の闘病生活はとても輝いていました。

田中　恭子さんがそう思う18年間とは、どんなことですか。

松本　特に何かいいことをしたわけではありませんが、介護された18年間、とうさんは当たり前の日常生活を送っていたことです。

田中　退職後に当たり前に人とつながって、当たり前の日々の暮らしをしていたことを知ってほしかったということですか。

松本　そうです。普通の日常の生活をしていたということです。

田中　若年性認知症で退職してその後、ずっとベッドにいるわけでもなく、介護サービスをはじめとしたサービスを利用し、「家族の会」に参加し、多くの人とつながったことなどですね。

松本　そうです。講演会で話もしました。とうさんを支えた人がたくさんいました。多くの人に出会いました。会社を辞めてから、そんなに不幸でもなかったことを知ってほしいと思います。

4

若年性認知症の診断から始まる家族の不安と職場の理解

田中聡子・松本恭子

若年性認知症を発症する平均的な年齢は50歳代前半です。この年代は働き盛りで、生計を担う人たちです。認知症は進行性の病気ですから、発症年齢や状況によって定年まで勤めることができるかどうかが異なります。しかし、本人が継続雇用を希望する場合は、その方法をいっしょに考えていくことが大事です。

本人は次第に記憶力が低下していきます。そのため継続雇用の場合も、退職後に新たな居場所をもったとしても、誰かのサポートが必要になります。本人を中心に考えたサポートを担うのは、まずは家族になるでしょう。家族の役割や負担は大きくなります。そこで、家族が若年性認知症の問題をどのように受け入れていけるのかが課題となります。

本章では、夫が在職中に若年性認知症を発症した二つの事例から、家族の受け止め方とサポートについて検討します。

またこのうちの一つは、若年性認知症と診断を受けた後も家族と企業がサポートして継続雇用が可能になった事例です。企業側が社員の若年性認知症問題にどう向きあったのかを、企業の人事担当者への聞き取りから明らかにします。

表1）インタビュー協力者の概要

	年齢	夫が発症時の仕事	診断時の夫の年齢	診断時期	診断後の夫の就労状況	家族構成	キーパーソン
A	40歳代	パート労働	55歳	2017	2017年11月末退職	娘、夫	地域包括支援センター
B	50歳代	正社員	53歳	2015	2020年3月まで就労	娘、夫、母	会社の人事課

Ⅰ　若年性認知症の夫を支える妻に聞く

（1）受診後、夫がすぐに退職になったAさん

Aさんは40歳代、夫は57歳、小学生の娘が一人の3人家族です。夫は2017年に若年性アルツハイマー型認知症と診断されました。

Aさんが夫の異変に気づいたのは受診の数か月前です。家で何度も時間を確認していたことがきっかけでした。会社に出かけたと思ったら戻ってくるので、おかしいと思ったそうです。

❶ 若年性アルツハイマー型認知症と聞いて

Aさんは2017年秋、会社から「ちょっと来てください」と呼び出され、夫の上司から「いままでこういうことがありました。こんなこともありました」と、職場での様子を伝えられました。

そのときに受診をすすめられて病院に行きました。「若年性アルツハイマー型認知症です」と診断されましたが、病名を聞いてもAさんは「聞いたことがある」というくらいの感覚で、このときまで自分たちにはまったく関係がないと思っていた病気でした。そのため、医師から説明を受けても実感

がわかず、自分たちに何が起きているのかの整理もできませんでした。

夫は家で、確かに何度も時計を見ていました。しかし気になったのはそれくらいだったので、Aさんにとっては「どうして……」という感じでした。

❷ 仕事を辞める

認知症と診断された後、Aさんが再び会社から呼び出されたのは月の途中でした。その場で「今月末までは雇えるのですけど……」と、退職をすすめられました。

Aさんはその前に夫の会社での様子を聞いて、これ以上迷惑はかけられないと思っていました。病気によるもの忘れのため、職場ではいろいろなミスやトラブルになっていました。「そんなことになっていたのか」と初めて知り、動揺していました。そのためこのときAさんは、「会社に申し訳ない。迷惑をかけた」という思いが先に立って、月末で退職することを承諾してしまいました。Aさんの家族の今後の生活について、会社からの助言はありませんでした。

一方的な退職勧奨でした。Aさん自身も、約半月の間に「若年性アルツハイマー型認知症」と告げられた上に、会社からは月末での退職を告げられ、自分たちに何が起こっているのか、どうすればよいのかなどを考える余裕はありませんでした。いわれるがまま、夫は月末に退職しました。

Aさんは当時、パートを2つかけもちしていました。昼の仕事をして、子どもが学校から帰って来る頃に帰宅して夕食の準備をしました。夕食後は、夫に子どもと家のことを任せて夜の清掃の仕事に行っていました。それまで3人がそれぞれの役割を担って家庭が成り立っていましたが、その一角が崩れ、Aさんは「もう、どうしよう」「生活できない」と思ったそうです。夫の病気と同時に、経済的な問題をAさん一人で背負うことになったのです。

Aさんの両親に支援などを頼もうと思うと、夫の病気のことを伝えなければなりません。心配性の母親にはどうしてもいえず、母親に伝えないように断って、先に父親に相談しました。驚いて、いいたいこともたくさんあった様子の父親に、「しっかり支えてあげなさい」と励まされました。

こうして、夫は家にいてAさんが家族を支える生活になりました。夫は精神科に継続して通院していましたが、そこから介護保険サービスなど、どこにもつながりませんでした。

❸ 地域包括支援センターとの出会い

「本当に3か月ほど、どうしてよいかわかりませんでした。ある日『地域包括支援センター』という看板を見ました。高齢者がどうのこうのと書いてありましたが、主人は高齢者ではないので、センターに入っていいのかどうか、躊躇しました」

しかしAさんは、一人では背負い切れない状況だったので「勇気を出して」ドアを開けました。事情を説明すると、精神保健福祉手帳を取得できること、自立支援医療制度や介護保険サービスが利用できることなどを教えてもらいました。そこから一気に手続きが進み、夫の環境面はこのときから整っていきました。

夫は、近くの特別養護老人ホームのボランティアと就労継続支援B型事業所に通い始めました。このとき、地域包括支援センターの職員も同行してAさんとB型事業所の橋渡しをしてもらいました。

しかし、経済的な問題と家事などの生活面の問題が残りました。すぐに退職した夫は、傷病手当も受給していませんでした。その後、ハローワークで手続きをして失業保険を受給しました。受給期間が過ぎた後は、障害年金が受給できるまで、Aさんの収入だけでのやりくりを余儀なくされました。

「休みの日は役所などに行って手続きのために費やしていました。主人が働けないのはわかっていますが、障害年金が出るまでの1年半は本当に長かった」

とAさん。自分しか動けないなかで、朝から子どもを学校に送り出して出勤し、帰宅して家事をして、手続きや家庭に起こるさまざまな出来事への対応を、Aさんは一人で引き受けました。

「この頃の記憶がところどころないんです。生きていくのに必死だったんですね」

Aさんは、地域包括支援センターから「認知症の人と家族の会」(以後「家族の会」)を紹介してもらって参加しました。けれども年配の人が多かったそうです。その後「認知症カフェ」を知って、そこで自分と同じような経験をしてきた人と出会えたそうです。

「共感してもらえるのがうれしかった。50代の人を介護している人に会いたいのですが、そういう当事者にはなかなか出会えません」

「未知の世界に入って行く感じがします」

「主人はデイサービスには行きたがらないんです」

などとAさんは話します。先のこともいろいろ心配で、何か疑問があればインターネットで調べています。それでもわからなければ「結局、地域包括さんに電話します」と話していました。

❹ 両親、友人、子どもの担任と次第に伝える範囲が広がる

Aさんはその後母親にも夫の病気のことを話し、Aさんが不在のときは娘を預けるなどサポートを頼むようになりました。いまでは両親がAさんの理解者であり、サポーターです。「娘はおじいちゃんが大好きです」といいます。

友人には1年くらい話せませんでした。けれども「結局、わかっちゃうんですね。夫が家にずっといるから」と割り切って、信頼できる近所の友人には話しました。娘には「私が不在のときに何かあったらその友人の家に行きなさい」といってあるそうです。

地域包括支援センターに相談するようになってから次第に、家のことを知っておいてもらったほうがよい人には話すようになりました。子どもの担任には、家でのストレスが学校で出るかもしれないと考えて、「何か気になることがあったら連絡してください」と頼んでいます。

❺ 子どもへの説明と子どもの力

Aさんは、夫が若年性認知症であると頭では理解できているものの、受け入れられずにイライラすることも多かったそうです。娘の前では気をつけていたつもりでも、夫が何もしないとついきつく当たってしまったといいます。夫が退職してからはAさんが朝早く出て夜遅く帰る毎日で、娘にさびしい思いをさせていました。娘には「ママはがんばって働くんよ」と伝えていました。

障害年金を受給できるようになってからは生活が安定し、帰宅時間が遅くなる仕事は辞めました。就労継続支援B型事業所を利用した日の夫の帰りは16時過ぎです。それからは娘と二人でAさんの帰

りを待っています。

あるとき、娘に聞かれました。

「○○ちゃんのお父さんは働いているのに、どうしてお父さんは家にいるの」

その際に父親が病気だと説明しました。娘なりにインターネットで調べているようです。Aさんは、娘も何となく理解しているように感じています。

家族で外出したとき、夫が間違えて女子トイレに行きそうになることもあります。そのため、娘が男子トイレの前まで夫について行きます。娘もそういう〝お手伝い〟をしています。

「娘は夫にやさしいです。娘が間に入ると主人が和むんです。娘に支えてもらっています」

Aさんがいえばきつくなって夫とギクシャクすることも、娘がいうと夫は聞き入れることが多いといいます。それを見てAさん自身も気づくことが多いそうです。家族の力は大きいといえます。

❻ この先の不安

「一番の不安は、どうなっていくのかがわからないことです」

Aさんは、病気の進行状況、生活、子どもへの影響など、先がわからないことに不安を感じています。「やっといま落ち着いたので、できるだけいまの状態を維持したい」のが、Aさんの希望です。

(2) 継続雇用になった夫をサポートするBさん

❶ 若年性アルツハイマー型認知症と診断されて

Bさん(50歳代)と夫(57歳)は同じ会社に勤務していました。家族はほかに社会人の娘、Bさんの母親の計4人でした。

2015年秋、Bさんは夫から「締め切りが守れない」と相談されました。その後上司から医療機関の受診をすすめられました。最初は近くのクリニックに行きましたが、特に目立った異常はないということでした。

翌年に上司が交代しました。過去にも夫といっしょに仕事をした経験のある人でした。その上司に「明らかに働きぶりが違う」と再度の受診をすすめられ、会社の産業医のいる病院を受診しました。このときに若年性アルツハイマー型認知症と診断されました。

夫の病名を聞いたBさんは、自分も働いているので経済的には何とかなると思ったものの、困惑しました。娘が成長し、これからは夫婦でゆっくりいろいろなことをしようと思っていた矢先のことでした。そのため、すぐには状況を受け入れられませんでした。夫は几帳面で温厚な人でしたが、このときすでに「片づけられない人」になっていました。そのことも「何か違う」と心配でした。

病気についてインターネットで調べてみると、若年性アルツハイマー型認知症について「面白おかしく書いてあるもの」が目につき、ショックを受けました。ある日、職場の同僚に打ち明けたところ

「通勤電車で同じ会社の人から聞いたで」と、病気に理解のないうわさ話のような発言に気が重くもなりました。

Bさんは、社内でこうした病気への研修をしてほしいと思いました。病気に対する正しい理解がないと、本人や家族が傷つくと思ったからです。

❷ 配置転換

夫の配属は診断後もそのままでしたが、診断から1年過ぎた頃に会社から「運転は危ない」といわれて運転をやめました。また、顧客との約束を忘れるようになりました。

その後も次第に認知症が進み、定期券や財布を落としたり、社内でも場所がわからなくなったりすることが重なったことから、2018年に用務に換わりました。

本人はきちんと仕事をしているつもりでしたが、同僚から「面倒をみるのが大変」との苦情があり、次は夫には仕事のほとんどない人事課付けに異動しました。夫はこの配置転換にショックを受け、一人では電車で帰れなくなりました。このため、次の日からBさんがいっしょに通勤するようにしました。

❸ 次第にできなくなっていく夫

2019年になると、自転車で道に迷うことがあり、自転車にも乗らなくなりました。免許証も返納しましたが、夫はショックを受けた様子でした。

夏になり、Bさんは夫の上司と面談しました。意思の疎通がますます難しくなり、いまの部署での仕事も難しくなったので、翌年から有給で休み、3月末で退職してほしい、と告げられました。それまでにデイサービスなど通えるところを考えてほしい、との話でした。しかし、その後も社内でトラブルがあり、翌年を待たずに休むことになりました。

しばらく夫の実家に行ってもらいましたが、毎日「会社に行く」といって家族を困らせました。実家に迎えに行った帰り、夫は「車の運転ができない。何もできない。何でこんなになってしまったんだろう」と泣いていました。

❹ デイサービスに「出向」

夫が納得してデイサービスに通えるよう、会社の上司に頼んで「デイサービス○○に出向」という、形だけの内示を出してもらいました。

夫はいまでも要介護とは思っていません。あるとき自分の介護保険証を見てしまい「僕は老人じゃない（なぜ介護なんだ）」と、ずっと怒っていました。

❺ 発症後の相談窓口

会社の産業医のいる病院を受診しましたが、結局産業医とは一度も話をしたことがありません。Bさんがインターネットで調べたり、社会保険労務士事務所や無料法律相談などに行ったりしました。若年性認知症は会社にとってもこれまでにない事例で、お互いに試行錯誤して今日まで来ました。

❻ 家族のサポートで落ち着く

Bさんの母親も要介護者となり、Bさんは二人の介護をすることになりました。夫には、いってはいけないことまでつい口をついてしまうそうです。そういうときは娘が間に入って、夫にやさしく接していきます。そのおかげで何とかできているそうです。

「本当にイライラするときがありますが、娘に助けてもらっています」と、Bさんは話しています。

❼ 同僚とのつながり

最近、会社の人の訪問がありました。3年前まで職場の人とバレーボールをしていて、夫には友達がたくさんいます。そうした友達が家に遊びに来ると、夫にも笑顔が増えます。

（3）家族の受け止め方と相談窓口の必要性

二つの事例は2019年11月末から12月中旬までに聞き取りました。若年性アルツハイマー型認知症と診断されてすぐに退職してしまったAさんの夫と、診断後5年近く継続して働くことができたBさんの夫の事例です。就労だけに着目すれば反対の経過をたどっていますが、共通点もあります。

その1点目は、どちらも職場でまず周囲が気づいたことです。特にBさんの場合は、会社が妻のBさんに話をするまで1年近くあります（本章2節95頁参照）。また、Aさんが会社から呼び出されたとき、夫のミスやトラブルの様子を聞いて「申し訳ない」と思うほど大変な状況になっていました。つまりその時点で、会社で異変に気がついてからやはり数か月以上経過していたと推測されます。

共通点の2点目は、若年性アルツハイマー型認知症と診断され、家族はそれぞれ困惑していることです。特にAさんは子どもが小学生のため、夫のこれからの人生と同時に娘の将来も一人で引き受けることになり、相当な重圧がありました。

Aさんの夫の場合は診断後に即退職で、環境を整備するまでに家計と育児、家事を背負ってしまいました。地域包括支援センターに出会うまでの3か月間、本当に大変な思いだったと推察できます。こうしたケースでは本来、企業が社員の生活に関して責任を果たすべきだと考えます。また、病気や子どものことで困惑する家族のために、第三者が家族と会社の間に入って調整したり、家族の相談に乗ったりする機関や窓口があり、周知されていることが必要だといえます。

一方、Bさんの夫の継続雇用を可能にした要因には、夫が認知症と確定診断された後も、同じ会社に勤めるBさんが人事課と相談しながら対応できたことがあります。また、通勤が一人でできなくなったときにBさんが付き添えたことも、要因の一つになっています。

Bさん夫妻が勤務する会社は従業員数も多い大企業に入り、配置転換する部署もいくつかあって、初期の配置転換は比較的融通が利きました。一方Aさんの夫は専門的な職種のため、配置を換えられる部署がなかったという事情もあります。

しかし結果の違いが、たまたま勤務していた会社の違いによるのではすまされません。本人ももの忘れにより周囲との関係が変わっていきますから、サポートが必要です。家族の困惑も同じように大きく、家族をサポートする専門的な相談窓口が必要といえます。

Bさんは、社会資源として社会保険労務士や無料法律相談などを活用して相談しています。また、会社の人事課も相談窓口として機能しています。Aさんは地域包括支援センターの窓口に行って、一気に介護保険などのサービスにつながりました。

こうした相談窓口は退職前から機能していることが重要です。家族と会社の二者間では、Aさんのように「迷惑をかけてしまった」と思うことになります。労務の知識や立場において不利なのは本人や家族ですから、第三者が間に入って調整していくのがよいと考えられます。

また、夫の病気を受け入れるには時間がかかります。頭では理解できても、それまで積み上げた生活が変わっていきます。その影響を受け止めるだけでなく、家族は本人を常にサポートする立場になってしまいます。

では、誰が家族をサポートするのでしょうか。特にケアを必要とする人が複数いれば、常にケアを提供する人にならざるを得ません。しんどい自分を受け止めてもらえる場や人が身近に存在すること、困ったときにいつでも相談できるところを確保している必要があるといえます。

2 社員のために企業としてできることを取り組む

（1）Bさんが勤務するD社の人事担当C氏に聞く

D社の基本理念は「ヒューマニティ」です。社員を大事にしてきました。「病気になって仕事に支障が出てきても、すぐに辞めてもらうということにはなりません」と、人事担当のC氏は話します。

Bさんの夫については、2014年頃から会社のなかでもの忘れが目立つようになり、翌2015年には仕事に支障が出てきていました。一人で依頼を受けた担当者が忘れてしまうとものごとが進みませんが、そういう状況だったのです。そのため、周囲で気をつけていく対応をしていました。しかしそれが目立ってきたため、妻のBさんに連絡をして医療機関の受診をすすめたとのことです。

その後も2017年、2018年頃まで周囲がサポートしていましたが、サポートしてもその部署でBさんの夫にできる仕事がなくなり、用務への配置転換になったそうです。

❶ 障害者雇用枠を活用しなかった理由

Bさんの夫の継続雇用に際し、D社で障害者雇用枠は使われていませんでした。障害者手帳を申請するのは本人であり、会社から「申請してくださいとはいえない」という立場です。また、D社は「すでに法定雇用率を超えているので、それ以上の採用を意識していません」とのことでした。

D社は、本人にいまの仕事ができなくなったときは、できることを考えていくのが基本姿勢です。認知症以外の病気で休職している人も、復帰時に休職前の仕事が難しい場合は、本人のできる部署に異動するなどの対応をしています。

❷ほかの職員への周知と研修

D社では、認知症と診断され、本人と家族の同意があれば周囲にサポートを依頼しています。

Bさんの夫が用務に配置転換されたときは、その部署に配慮を依頼しました。再雇用の人が多い部署のため、理解を得やすかったそうです。2018年9月にはその部署でも難しくなり、Bさんの夫は人事課に異動してシュレッダーかけを担当しました。その際、「家族の会」に依頼して研修会を開催しました。

❸継続雇用を可能にした要因

Bさんの夫を継続して雇用できた要因として、C氏は次のように指摘します。

「奥さんが同じ会社だったので、通勤のサポートができたことで5年間就労できたと思います。通勤サポートがないと難しいと思います」

また、表だって出てはこないものの、周囲の不満には気を使ったといいます。しかし病気が進行性のため、Bさんの夫は次第に社内でよく迷子にもなり、周囲のサポートができない状況になっていきました。そのため「自宅近くでケアをしてもらえるところにつなぐほうがよいと判断し、ご家族に伝えました」とC氏は説明します。

その後2020年3月末の退職までは、出勤免除という形で自宅近くのデイサービスに通っていました。その間、給料もそのままでした。

④ 国や自治体に望むこと

C氏は、国や自治体に望むこととして、次のように話していました。

「若年性認知症の方の雇用継続について指針があるわけではありません。障害者雇用では企業にも蓄積はありますが、若年性認知症者の雇用の事例は少ない。こんな仕事はできるがこんなことはできないなど、仕事とのマッチングは難しいと思います。企業にもジョブコーチのようなサポートする人を派遣してもらえるとよいと思います。

また、会社は常に動いているので新しいことに適応していかなければなりません。そこで、それまで適応していた人ができないと、働き方が以前とは違うので社内で気づきやすいと思います。

就労している間、介護や福祉サービスの部分を会社としてどうサポートできるのか、初期の段階で専門的な指針があるとよいと思います」

（2）D社の取り組みから生かせる4つの視点

D社が社員を大事にする会社であることが、Bさんの夫の継続雇用を可能にした要因といえます。一連の経過で、障害者雇用枠などの制度を使ったわけではありません。しかしD社の取り組みには、ほかでも社員が若年性認知症を発症した場合に生かせる視点があります。

1点目は、周囲が異変に気がついたとき、できる限り早い段階での受診勧奨は必要といえます。D社でも本人、家族に告げるまでに何か月もかかっています。産業医などと相談してできる限り早く受診してもらうような手立ては必要でしょう。

2点目に、D社ではできる限り配置転換によって継続雇用を試みました。その際に注目すべきは、「家族の会」に依頼して配属部署で研修会を開催し、社員が参加して職場内で若年性認知症への理解を広めたことです。継続雇用には職場の理解が第一であり、病気に対する正確な知識が必要だといえます。

3点目に、社内にも相談窓口を設置していることです。D社の場合は、人事課がその機能を担っていました。相談は労務関係にとどまらず、本人の環境整備としてケアサービスの利用に関しても行っています。D社のようなきめ細かな相談が難しい場合は、専門機関につなぐなどして医療、福祉、介護への橋渡しをすることが必要でしょう。

4点目に、本人が企業に継続雇用を希望する場合、働ける環境を整備することが大事になります。とはいえ、治療をどうするか、リハビリテーションやケアの部分をどうするかなどは、企業と本人だけでは難しいでしょう。そこで、２０１５年の「認知症施策推進総合戦略（新オレンジプラン）」の７本の柱（第６章118頁参照）にもとづいて都道府県が設置する若年性認知症支援コーディネーターが、関係機関との連携をはじめとした就労に伴う調整を担うことに期待したいと思います。

5

活躍できる「居場所」は当事者がつくる

田中聡子

I

地域に必要な退職後の居場所

若くして認知症を発症した人にとって、いまの自分の立ち位置が次第に揺らぐ不安は大きいと考えます。社会に出て今日まで歩んできた結果がいまの自分です。仕事をする人にとってはキャリアを重ね、努力してきた結果が現在の仕事です。それぞれ、それまでの歴史があって家庭や地域での自分の立ち位置があります。

ところが、次第にもの忘れが目立ち、職場で、家庭で、地域でこれまでできていたことができなくなり、周囲も異変に気がつくようになると、職場、家庭、地域と自分との関係も変わってきます。もの忘れが多くなったことは周囲に気づかれているにもかかわらず、気づかれまいと無理をし、さらにトラブルを引き起こし、溝が深まるという悪循環になる場合もあります。

難しいのは、本人が40～50歳代で周囲が20～40歳代という場合です。上司に「忘れていますよ」「この頃忘れることが多いですが、大丈夫ですか」とはいいにくいものです。ミスに気がついても、本人には直接いえないこともあるでしょう。

一方本人は、そのような部下や同僚の戸惑いに気づくことはほとんどありません。こうして職場で関係悪化が進めば、本人は居場所を失うことになります。職場での居場所の喪失は、休職や退職につながってしまいます。

定年までに退職した場合、次の居場所はどこになるのでしょう。介護保険サービスの利用を申請するとデイサービスや小規模多機能型居宅介護は利用できますが、年齢層が高く、自分の親世代の利用者といっしょに過ごすことになるでしょう。障害者サービスを利用する人もいますが、本人の希望にマッチすることが前提です。こうした福祉サービスだけで居場所が確保できるともいえません。

大半の人は、定年あるいは再雇用制度を活用して65歳まで働き、その後は地域の自治活動に参加したり、趣味の活動を広げたり、サークル活動や旅行などを楽しんだりするセカンドライフを描いているでしょう。そうであれば、病気で早期退職をしても、セカンドライフを充実するためには地域に居場所が必要であり、会社とは違った人間関係の広がりが必要と考えます。

地域での居場所の喪失は孤立です。家庭での居場所の喪失は役割の喪失になります。それまでの長い人生で培った関係性や地位、役割を、病気のために失っていく不安は計り知れないでしょう。

若年性認知症の人にとって、望めば継続して就労できる状況が好ましいといえます。けれども、それが可能な人ばかりではありません。職場の環境上どうしても就労を継続できない人、あるいは就労継続を望まない人もいるでしょう。

そうした場合の退職後の居場所として、障害者雇用制度を活用して、障害者雇用枠で就労を継続する場合も考えられます。ただし、初診日から1年半経過して障害者手帳を取得すること、継続雇用する会社にトラブルなく1年半所属できていることが条件です。

若年性認知症の人の多くは、異変に気づいてから診断までに時間がかかっています。初診時にはすでに症状が進んでいることもあります。それからさらに1年半経過すれば、記憶障害はさらに進行するでしょう。そうした状況では、障害者雇用枠で継続できるケースはそう多くないと推察できます。ほかには、就労継続支援事業所を利用するケースがよく見られます。しかし、就労継続支援事業所に適応できる人ばかりではありません。そこで、地域に居場所が必要になってくるのです。

2　当事者がつくる「レイの会」

「レイの会」は、若年性認知症の当事者二人が立ち上げました。三重県若年性認知症支援コーディネーターの伊藤美知さんが認知症カフェの開設のために声をかけた二人の男性が、それぞれ会長と副会長になって発足したのが２０１７年でした。名前の由来は「Lay your hands on mine」、すなわち「私たちは手をあげています。私たちの手の上にあなたの手を載せてください。いっしょに歩みましょう」という意味です。

「レイの会」は当事者の会で、運営費も会員のさまざまな活動によって賄っています。会員が県内外の認知症啓発のためのイベントや研修、キャラバン・メイト養成講座での講演料や、畑でつくる農作物の販売などが主な財源です。現在のメンバーは11人です（認知症の人と家族の会「ぽ～れぽ～れ」２０２０年5月号）。

❶ メンバー主体の活動と運営

「レイの会」では、会長、副会長、会計をはじめ会員それぞれに役割があります。1年単位で決算をして、利益が出たら会員に配分します。2019年度は最終的に一人に1万円ほど配分できました。講演活動が年間5~6回あります。2020年は枝豆を栽培して「ずんだ餅」をつくる計画です。

これらも会で決めています。毎年4月に年度計画を立て、毎月第三月曜日の定例会でも活動や行事を考えています。メンバーの一人は2018年3月まで地域の自治会長を務めていました。

2019年はRUN伴[1]の応援に応援団の服を作成しました。メンバーの一人が学生時代に応援団に入っていて、「応援団を結成しよう」というアイデアが出たのがきっかけでした。メンバーがアイデアを出せば、その実現に向かって相談しながら進めていきます。楽しいことに向かって、みんなで何かをするのが「レイの会」の運営方法です。

伊藤美知さんは、次のように話します。

「みんなが笑っているから。自分が楽しいとほかの人も楽しい。自然にほかの人に楽しさが伝わる。それが続く理由です。みんなが毎日を楽しくしたいと思います。大きなことには目をつぶり、前を向いて、くよくよしない、をモットーにしています。毎日毎日を、一人だったら難しいけど、ここに来たら前を向いていける。前向きにする環境を整えるのがコーディネーターの仕事です。『レイの会』はメンバーのみなさんの力で成り立っています。コーディネーターは環境を整備すればよい。みなさんにコーディネーターが使われているのです。スタッフを使いこなしていただければよいと思います。

最初はみなさんも家族も若年性認知症のことを話さないけれど、自分がそういう病気なんだとみんなにさりげなくいえるようになります。だんだん話ができるようになって、認知症の人と家族の会の『全国研究集会』で報告できるような人も出てきます。本人が発言することが大事だと思います」

❷グループディスカッション

２０１９年３月30日に「レイの会」のメンバー５人とグループディスカッションを行いました。参加者は50歳代が２人、60歳代が３人です。「レイの会」の活動は月、水、金曜日で、基本はデイサービスの利用中の活動です。５人は月、水、金の活動日すべてに出席しています。メンバーから次のような発言が聞かれました。

【「レイの会」は楽しい。毎日楽しいのがよい】

「ここに来るのが日課になった。最初はここに来るのがプレッシャーだったけど、いまは全然大丈夫です。ここに来て、いろいろ話せて、いろいろ悩みが大きかったけど、ここに来て、楽しくやっています。楽しければよい」

「『楽しく』がモットーです。今日が楽しい、毎日が楽しいことがよい。ここは楽しい。みんないい人なので」

「会話している間に助け合っている感じがする。変なことをいっても、あまり考えなくてよい。多少変なことをいっても、ふつうにできるのでよい」

「堅苦しさがない。細かいことを考えない。それだけを考えて、気持ちがよい」

「話しているとアイデアが出てきたりする」

「メンバーがよいからですよ。空気がよいという感じですね」

【馴染みの場、馴染みのメンバー】

「同じ釜の飯を食べ、同じお風呂に入り、同じ病をもって、毎日が楽しいですよ」

「毎日来ようと思いますよ」

「こんだけ人がいると安心ですよ。よく話ができる」

「だんだんと話ができるようになった。安心感がある。『レイの会』は、来るとウエルカムなんでね」

「顔見知りになったので。最初はどうしようかと思ったけど」

【妻には感謝している】

「妻は毎日働いています」

「奥さんがいないと生活ができないと思っていますよ。妻を頼りにしています」

「妻は素敵ですよ。ですからここで入浴して帰ります」

❸ キッズサポーター養成講座の講師をしたい

「レイの会」の人たちは「最初は知らない人がいたので、緊張します」といいながらも、参加すると「入りやすい。いい人ばかりでよかった」とメンバーになっていきます。「オフコースや山下達郎を聞いていますよ。同じ世代だから」と、青春時代に聞いた曲も同じです。メンバーでつくった「レイの会」の体操は、ビートルズの曲です。

年間計画と毎月の定例会のほかに、その日の日直が決まっていて、スケジュール進行を担当しています。

「レイの会」ではいま、キッズサポーター養成講座の講師をしたいと思っています。キッズサポーターとは、小学生が認知症について学ぶ活動です。２０１８年に小学校に行く機会があり、教員をしていたメンバーから出たアイデアです。

子どもたちと交流したいというニーズでしたから、そのためにどうしようかといっしょに考えました。自分たちがやりたいことを実現するために、自分たちで考え、それをコーディネーターがサポートします。また、小学生の保護者には40～50歳代の人もいます。若年性認知症について保護者もいっしょに学んでほしいという願いからの活動でもあります。

そして、どうすれば小学生にわかりやすく話ができるかを考えて、紙芝居を作成しました。自分たちの失敗談を出し合ってストーリーをつくりました。タイトルは「認知症ってな～に」です。以下は紙芝居のストーリーです。

「みなさん、こんにちは。私の名前はレイちゃん。エスカレーターの上りは、ポコポコってかわいいな。下りのエスカレーターは階段が光って滑り台みたい。どうやって降りよう。下までおちちゃう」

「それはお仕事しているときに起こった。パソコンをしているとき、眼鏡を落として、後でひろおうとそのままにしていたら、どこにいったかわからない」

「コンビニに行ったとき、お店に行って自転車に鍵をかけた。お買い物が終わって、自転車の鍵のさし方を忘れた。すごく困って、自転車を蹴ったり、倒したりして鍵を壊した」

このように、「めでたし、めでたし」ではない話を紙芝居や川柳にしたり、しおりに書いたりして、認知症の啓発活動を行っています。

❹ 本人の思いを形に

「レイの会」では、メンバーがやりたいことをコーディネーターが実現に向けて形にしていきます。若年性認知症になった当初、メンバーらは周囲の「自分を見ている目が違う。周りの雰囲気がおかしい」と感じるといいます。周囲は「本人にはわからないだろう」と思っていても、次のように、本人はわかっているのです。

「職場の慰労会や懇親会に誘ってくれないことからもわかる。最初から全部忘れるわけではないので、急に誘ってくれなくなることがつらい」

こうした経験があるから「レイの会」では、みんなで誘い合って話し合ってものごとを決めていくようにしています。そうした本人ミーティングに、支援者は入りません。司会者は不安定なときもあるためコーディネーターが傍らにはいますが、大きく介入することはありません。本人たちの思いをくみ取って、その思いを表現するのを手伝っています。

「だから、本人の思いを形にしていくことができるのだと思います」と伊藤さんは話していました。

3 地域とつくるSPSラボ若年認知症サポートセンター「きずなや」

一般社団法人SPSラボ若年認知症サポートセンター「きずなや」（以後「きずなや」）は、奈良市の高台にあります。

代表の若野達也さんは同じ地域でグループホームを運営しています。精神科から相談を受けるケースの多くは、高齢者のデイサービスや障害者の通所サービスでは本人のニーズに合わない若年性認知症の人についてでした。要支援など比較的軽度な若年性認知症の人の家族からも、日中に居場所がないという相談が続きました。

そこで2009年、任意団体として若年認知症サポートセンター「きずなや」を始めました。「きずなや」は、会社を退職しても少しくらいは働きたいという当事者が何かできる場所をつくろうと、①働く場・地域の居場所がほしい、②同じ病気の人といっしょに交流したい、③地域の人に特別な目で見られたくない、④相談できる場所がほしい、という当事者・家族の4つのニーズを柱にしています。[2]

その後2014年に一般社団法人化しました。

以下、若野さんへのインタビューをまとめました。

❶ 働く場・地域の居場所づくり

「きずなや」の拠点は、奈良市内富雄地区の追分梅林の近くにある空き家を再生した建物です。法人格を取得したことで助成金(3)を受給し、地区の農業生産法人と連携して追分梅林を整備する新たなプロジェクトに乗り出しました。地域の人に特別な目で見られたくない、地域の人に理解してもらいたいと考えたとき、「地域の問題を中心に考えて若年性認知症の人の居場所をつくり、問題を解決する(4)」ことが必要と考えられたからです。

こうして、奈良市富雄地区にある追分梅林を管理する農業生産法人追分梅林組合の組合員の高齢化や担い手不足による梅林の管理問題と、働く場がない、地域との交流の機会の場がない若年性認知症の居場所づくりをマッチングする協働のプロジェクトがスタートしました。同時に、大和橘という柑橘の栽培も依頼されました。

柑橘の栽培と梅林の管理には農業生産法人の人たちだけでなく、地域のボランティア、若年性認知症当事者、家族など多くの参加があり、交流ができました。いっしょに働くことで、理解も広がったといえます。

❷ 同じ病気の人といっしょに交流したい――本人交流とカフェ

奈良県には「朱雀の会」という若年認知症家族会があります。当時は「朱雀の会」の活動が縮小傾向で、交流会は実施されていたものの、本人や家族の相談をいつでも受けられる場はありませんでした。

そこで「きずなや」を法人化するときに、「朱雀の会」といっしょに若年認知症当事者の会「絆」を立ち上げました。本人と家族それぞれが、当事者としてピアサポートできると考えてのことでした。そして法人の拠点として、空き家を活用してカフェをつくりました。

「本人と家族は基本的に仲がよいと思います。けれども本人と家族は違います。本人には家族と違う思いや、やりたいこともあります。家族は本人に寄り添いたいし、本人も家族を信頼しています。普通は家族がいても仕事は別だし、別の時間を過ごしています。家族がいても、本人だけで話したり過ごしたりする時間が大切なんだと思います。

たとえば、カフェに来た家族が本人の横で自分の介護の大変さを話しても、本人は嫌な気持ちになるでしょう。それなら僕らといっしょに野球しましょうか、洗車しましょうか、などと本人に活動を提案しています。家族は家族同士で交流し情報共有することも大事です」

と、若野さんは話していました。

❸ いまから始める三つの仕掛け

また、これから始める三つの仕掛けについて、若野さんの話の要旨はそれぞれ次の通りでした。

①当事者主体による若年性認知症の人の地域での居場所

「追分梅林や大和橘の栽培などを農福連携で展開します。大和橘は出荷先も確保できました。最初から、会社を退職して地域でできるゆるやかな就労の場、居場所と考えています。

若年性認知症の人の課題だけに限定すると、若年性認知症の課題は解決しません。地域のさまざまな状況を見て、地域の課題のなかでいっしょに解決していくものと考えています。若年認知症当事者の会『絆』を立ち上げたのも同じ思いからです。地域の居場所づくりのゴールは互助や共助だと思います」

②ピアサポート事業

「若年性認知症コーディネーターになった1年目に、診断名も確定し、介護保険を申請している人の相談が多数ありました。現在は、確定診断前後の人が増えました。受診の相談、職場との調整、今後の医療、介護のサービス調整などをしています。ところが以前は、診断確定後に時間が経過してから来る人が多かったのです。診断が確定したら本人と話をして、自分ができること、やりたいことをいっしょに探してつないでいくことが大事だと考えています。

若年性認知症といわれたとき、病気に向き合うことができないと前に進めません。たとえば『認知症カフェがありますよ』といっても、本人は行きたくないかもしれません。家族が付き添って参加しても、認知症カフェのプログラムを終えただけになります。そこで、本人と家族の双方にピアサポートが必要と考えました。自分と不安や悩みを共有できる人によっていまある状況を受け止めてこそ、それから先を本人が考えられるようになると思うのです。

診断を受けても、本人は職場にいいにくいと思います。病名を告げた途端に世界が変わるような不安があるでしょう。たとえば、車通勤は禁止され、飲み会も誘ってもらえないなど、それまで当たり前だったことができなくなると思うと、怖くて病名がいえないでしょう。そこで、ピアサポートを受けて考えてみる時間も必要と思います。奈良県の中核病院を中心にピアサポートを配置し、そこから僕らのような団体につながっていく仕組みづくりが目標です」

③当事者主体の事業運営（奈良県の若年性認知症ピアサポート事業の委託）

「当事者主体といっても、当事者自身が助成金を申請して、自分たちだけでプランを進めていくのは難しい。ほとんどは専門家主体で事業を計画して助成金を申請しています。その内容が当事者の本意でないこともあります。

『きずなや』では、本人主体の活動のプロセスを、本人が考え、実行できる環境づくりを、県の委託事業でスタートさせました。当事者主体になるように環境を整えるのが僕らの仕事です」

4 当事者の思いを形にするための支援

「レイの会」や「きずなや」は、若年性認知症支援コーディネーターがサポートして、若年性認知症の人の地域の居場所として立ち上げたものです。どちらも、本人・当事者が主体であり、コーディネーターはその思いが実現できるように環境を整えることに徹しています。思いを引き出したら、専門家主導で形をつくっていくのではありません。自分の希望を実現するために何をすればよいかを、本人・当事者が自分たちで考えていくプロセスを支援しています。

「レイの会」では、子どもたちと交流したいという希望があったとき、そのためにどうしたらよいかをメンバーで話し合い、コーディネーターの伊藤さんが言葉を拾い上げて形にしていきました。「きずなや」では、思いを形にするプロセスを実現するために助成金を獲得して動き出しました。

若年性認知症の人は退職しても、自分たちが主役になる場が必要です。長く企業や組織で活躍してきた人が、退職したからといって急に支援を受ける人にはなりません。むしろ現役であり、身近な地域や周囲の課題を改善したり、社会のなかで役割を果たしたりできる存在でしょう。

ところが、認知症と診断されて介護保険サービスや障害者サービスの利用者となれば、サービスの需要者になっただけなのに、専門家や家族に助けてもらう人になります。日々の生活では誰かの助けが必要な場面はありますが、そればかりではないのです。「レイの会」と「きずなや」の事例は、いずれもこのことに着目しています。

「レイの会」や「きずなや」の活動がその地域に広がり、三重県や奈良県では同じような居場所やサロンができています。若野さんは「それぞれの団体が横につながれば、専門外来で診断を受けたときにいくつかの居場所の選択肢ができる」と話します。

若年性認知症の人はもともと利用できるサービスが少なく、「制度の狭間」という問題があります。したがって、若年性認知症の人が主体的に参加し活動できるこうした地域の居場所が今後増えることが、狭間問題の解決にもつながるといえます。

注釈

(1) RUN伴とは、認知症の人や家族、支援者、一般の人がリレーをしながら、一つのタスキをつなぎゴールをめざすイベントである。ＮＰＯ法人認知症フレンドシップクラブが運営している。また「ＲＵＮ伴」は同法人の登録商標でもある。（https://runtomo.org/）

(2)『時空を超える地域プロジェクト—若年認知症者と共に大和橘再生へ—』報告書、２０１６年、３頁

(3)２０１５年度ニッセイ財団高齢社会地域福祉チャレンジ活動助成金、２０１５年度24時間テレビ福祉車両、２０１６年度農林水産省農山漁村振興交付金（ＣＡＮＰＡＮプロジェクトホームページ、http://fields.canpan.info/organization/detail/1538044254、２０２０年5月31日アクセス）

(4)『時空を超える地域プロジェクト—若年認知症者と共に大和橘再生へ—』報告書、２０１６年、４頁

引用・参考文献

・公益社団法人認知症の人と家族の会「ぽ〜れぽ〜れ」４７8号、２０２０年、7頁
・一般社団法人ＳＰＳラボ若年認知症サポートセンターきずなや『時空を超える地域プロジェクト—若年認知症者と共に大和橘再生へ—』報告書、２０１６年

6

若年性認知症に寄り添う支援

田中聡子・松本恭子

もの忘れが頻繁になるなどの異変に気がついたとき、誰しも何かの病気かもしれないと不安になるものです。そうしたとき、すぐに専門医を受診できる人はいまでも少ないかもしれません。どうしたのだろうと思いながらも仕事を続ける人、家族にもいえず一人で抱え込む人、自分でも受診したほうがよいとわかっていても踏み出せない人もいます。

早期発見、早期受診、早期治療はどんな病気でも同じですが、若年性認知症に限っては、ためらいがあります。受診の先が不安で、どうなるのかわからないことで足が止まってしまうのです。

若年性認知症の異変の多くは、職場で周囲が気づきます。事業所が本人と話し合って、一番よい方法で仕事を継続できることが望ましいと思います。そこで本章では、若年性認知症と診断された後、治療をしながら働ける可能性について考察します。

Ⅰ　若年性認知症支援コーディネーターへの期待

①認知症への理解を深めるための普及・啓発の推進

２０１５年１月27日に「認知症施策推進総合戦略（新オレンジプラン）～認知症高齢者等にやさしい地域づくりに向けて」が策定されました。新オレンジプランは次の７つを柱としました。

②認知症の容態に応じた適時・適切な医療・介護等の提供
③若年性認知症施策の強化
④認知症の人の介護者への支援
⑤認知症の人を含む高齢者にやさしい地域づくりの推進
⑥認知症の予防法、診断法、治療法、リハビリテーションモデル、介護モデル等の研究開発およびその成果の普及の推進
⑦認知症の人やその家族の視点の重視

そして若年性認知症施策を強化するために、「若年性認知症支援ハンドブック」の作成、都道府県の相談窓口に「若年性認知症の人の自立支援に関わる関係者のネットワークの調整役を担う者を配置」し就労・社会参加支援等の推進を図ること、とされました。そこで、47都道府県に若年性認知症支援コーディネーター（以後「コーディネーター」）が配置されました[1]。コーディネーターが配置される相談窓口は、ワンストップ機能が望ましいとされています。ワンストップ機能とは、1か所に相談すれば、相談者のニーズに応じてさまざまなサービスや制度に適切につないでもらえるということです。

この相談窓口の主な業務は、相談内容の確認と整理、適切な専門医療へのアクセスと継続の支援、利用できる制度・サービスの情報提供、関係機関との連絡調整、本人・家族が交流できる居場所づくり等、となっています[2]。相談を受けた後は、家庭訪問や受診同行などの支援も必要になるでしょう。さらに、

早期発見、早期診断につなげるには、ニーズの掘り起こしとしてのアウトリーチ活動なども必要です。

そうした対応が可能になるには、専門性が高く経験豊富なコーディネーターの配置が、量質ともに必要と考えられます。しかし実情は厳しいといえます。

「令和元年度認知症介護研究報告書〈企業での就労が困難となった若年性認知症の人への支援のあり方に関する調査研究事業〉」[3]に、47都道府県と20の政令指定都市（以後「指定都市」）を対象にした「若年性認知症支援コーディネーター配置に関する調査」結果が示されています。

それによると2019年度における若年性認知症の人や家族のための相談窓口は、すべての都道府県と20分の16の指定都市で設置されています（認知症全般窓口での対応を含む）。コーディネーターの配置人数は1人が最も多くて24都道府県です。コーディネーターの配置機関数は、都道府県内に1か所が47分の42都道府県ですから、約9割は1か所しかないということです。

また、コーディネーターが常勤職なのは都道府県で53・1％、指定都市では60・0％です。コーディネーターの若年性認知症支援の経験年数のうち6か月未満は、都道府県で20・4％、指定都市では40％です。基礎資格は医師や保健師、看護師、精神保健福祉士、社会福祉士、介護福祉士、作業療法士、介護支援専門員などさまざまです。

このような、若年性認知症支援の経験の少ないコーディネーターが広域な都道府県に1か所、しかも一人配置という現状では、専門性の高いワンストップの相談支援は難しいといわざるを得ません。自治体としても相談数に対応できるように、絶対数の確保やサブセンターの設置など何らかのバックアップが必要と考えられます。

2　若年性認知症の人への支援は「継続した寄り添い」支援

若年性認知症を発症した人は、65歳未満です。家族もまだ若く、学齢期の子どもがいる場合もあります。したがって本人、家族の抱える課題は多岐にわたります。

これを一つひとつ解決して、暮らしの環境を整えていくには、サービス調整だけではなく、本人や家族が病気と向き合えるようになるまでの寄り添った支援が必要といえます。また、病気の発症、診断、その後のサービス調整までにはある程度の時間が必要であり、この時間をともに過ごし、伴走するサポーターとしての支援者が必要です。

「若年性認知症支援コーディネーター配置のための手引書」（２０１５）[4]には、Good Practice（すぐれた取り組み）が6事例掲載されています。いずれも、コーディネーターが相談を受け、本人や家族の思いを受け止めながら、関係機関と連携できるような調整をして生活環境を整えることができたGood Practiceです。支援のポイントや効果という点であげられているのは、「継続的に関わる」「心理的支援」「根気よく」などです。

また、認知症介護研究・研修大府センターに開設されている「若年性認知症コールセンター」で扱った11の相談事例が「若年性認知症支援センター2019年報告書」に掲載されています。コールセンターは相談を受けると、相談者の居住地のコーディネーターを案内しています。該当地域にコーディネーターが不在の場合は、その地域の社会資源や本人のニーズを見ながら、地域包括支援センターや「認知症の人と家族の会」(以後「家族の会」)、社会保険労務士をはじめとする相談窓口の案内や、介護保険、自立支援医療、精神保健福祉手帳の取得についての説明などを行っています。

どの事例も本人や家族が生活をしていく環境が整備されるまでに数か月から2~3年の経過があります。この間に本人や家族は揺れ動きながら若年性認知症と向き合い、折り合いをつけていきます。初期相談からサポート体制をつくるまでには、ある程度の時間が必要です。それは手間や手続き上の時間だけではありません。本人や家族が一つひとつの事実を受け止めていく時間でもあります。

また、関係機関と連携するということは、本人や家族が自分たちの情報を第三者に提供するということです。プライベートなことや病気のことを第三者に開示するまでにも時間を要する場合があります。こうしたことに寄り添いながら関係機関と連携していくためには、時間が必要なのです。

3 本人と家族に寄り添う

家族同士の考えの違いにも調整が必要でしょう。本人や家族が不安に思っていることは、それぞれ異なります。また、若年性認知症は症状が固定しません。時期や状態に応じて、本人の思いと家族のニーズは変化していきます。だからこそいつでも相談に乗ってもらえること、毎回最初から説明しなくてもすむ継続的な関わりがあることで、信頼関係ができてくるといえます。

第5章の「レイの会」を運営する若年性認知症支援コーディネーターの伊藤美知さんは、支援について以下のように述べています。

「本人の気持ちがわからないと何も始まりません。しかし、若年性認知症の人は本人も若い分、家族も若くて忙しくしています。本人の時間はゆっくり流れるようになっていきますが、そのペースに（家族が）合わせられないことが多いのです。ですから、本人の生活を整えないと、家族の生活も整いません」

介護保険制度が発足して20年になります。この間に認知症ケアに関する制度や施策はかなり進みました。提供されるサービスも、個人のニーズにできるだけ応えられる多彩なメニューを用意できるようになりました。それでもなお、若年性認知症を受け入れること、カミングアウトするまでに、本人や家族には葛藤や抵抗があるでしょう。

カミングアウトすると、その後の自分たちに向けられるまなざしや差別的な態度、周囲との温度差、共感してもらっていないという心理的な不安と、経済的な問題、親族・近隣・職場の人間関係などさまざまな問題がふりかかることがあります。

サービス調整ができた後も、「安心していつでも相談に来てください」と伝えるだけでも、本人や家族にとっては拠りどころとなるでしょう。拠りどころは「馴染みであること」であり、決して見捨てない、否定しない「伴走者」の機能がある、安心できる場所でしょう。

4　治療と就労を可能にする両立支援への期待

「働き方改革実行計画」（2017年3月28日、働き方改革実現会議決定[5]）で、「治療と仕事の両立に係る支援」が今後の重要課題の一つになりました。

厚生労働省も、同計画を踏まえて「事業場における治療と仕事の両立支援のためのガイドライン」を作成しています。「治療が必要な疾病を抱える労働者が、業務によって疾病を増悪させることがないよう、事業場において適切な就業上の措置を行いつつ、治療に対する配慮が行われるようにするため、関係者の役割、事業場における環境整備、個別の労働者への支援の進め方[6]」を示したものです。

このガイドラインでは、事業者や人事労務担当者を対象に具体的な対応マニュアルや主治医との連携のための様式例集や留意事項を示しています。ガイドラインは主にがん、脳卒中、肝疾患、難病への対応が示されていますが、若年性認知症にも応用可能です。疾患を限定しているのではなく、「反復・継続して治療を行う必要がある傷病を負った労働者」に対して、事業者が体制を整えるためのガイドラインです。

併せて「企業・医療機関連携マニュアル」も作成されています。前述のガイドライン掲載の様式例の作成のポイントを示したものです。解説と事例が示されています。

病気になった場合はまず、労働者から主治医に対して業務内容等を記載した書面を提供します。主治医は、治療の状況や就業継続の可否や就業上の措置、治療への配慮等についての意見書を作成します。これをもとに、職場において両立支援の検討が行われます。事業所は主治医、産業医等の意見を勘案し、従業員と十分に話し合うことになります。

このときに、ガイドラインでは両立支援プランや職場復帰支援プランの作成例を示しています。医療機関が作成する様式には医療機関の作成ポイントと事業所の確認ポイント、事業所が作成する様式には事業所の作成ポイントや医療機関の確認ポイントが、それぞれ事例に沿って明示されています。

マニュアルは、患者や家族を真ん中にして、アプローチや視点の異なる企業と医療双方が、当事者の病気の治療と仕事の継続という共通目的のために共有すべき点を示しています。当事者が上司や人事担当と直接やり取りするのではなく、調整者が間に入ります。そのことで、中立的な立場で双方の話を聞くことができます。当事者と企業の二者間では互いの主張ばかりになり、相手の理解も難しくなります。また、事業者と医療機関の間にも調整者が入ることで、まったく違う分野と共通認識がもてる意義は大きいといえます。

さらに、労働安全衛生法第６条の規定にもとづく２０１８年度を初年度とした第13次労働災害防止計画にも、治療と仕事の両立に関して以下のように示されています。

「健康診断の結果に異常の所見がある労働者については、医師からの意見を聴取し、就業上の措置の的確な実施等を通じて、脳・心臓疾患を未然に防止する必要がある。
また、これらの疾病の有病率は年齢が上がるほど高くなり、労働力の高齢化が進んでいる中で、職場においては、疾病を抱えた労働者の治療と仕事の両立への対応が必要となる場面が増えることが予想される(7)」

がんや脳卒中、肝疾患や難病は、医療の発展とともに入院治療から通院治療になりました。急性期治療が終われば、その後は経過を見ながら治療を続ける病気になりつつあります。病気とつきあいながら日常生活を送るようになってきているのです。そこで、治療を継続しながら仕事も続ける仕組みが整備されてきました。こうしたモデルに若年性認知症も十分に対応できると考えます。

「働き方改革実行計画」ではまた、主治医、会社・産業医と患者に寄り添う両立支援コーディネーターの、トライアングル型のサポート体制の構築が示されています(8)。この両立支援コーディネーターは企業の人事労務担当者や産業保健スタッフ、医療機関の医療従事者や支援機関が担うことが想定されています。

雇用主である企業と主治医をはじめとする医療機関と患者である従業員を結ぶ両立支援コーディネーターの養成を積極的に推進するために、都道府県労働局長あてに2018年3月30日付けで厚生労働省労働基準局安全衛生部長通知「働き方改革実行計画を踏まえた両立支援コーディネーターの養成について」が出されています。今後、各都道府県で養成が推進されることを期待したいと思います。

事業所を対象とした治療と仕事の両立支援助成金(9)が創設され、事業所が治療と仕事の両立支援を積極的に導入できるようにする支援制度も始まっています。助成金対象は、脳卒中、心疾患、糖尿病、肝炎などの反復・継続して治療が必要となる傷病と記されています。若年性認知症も適応可能です。

2020年の診療報酬改定で、「療養・就労支援指導料」の対象となる疾患は、悪性腫瘍以外に脳血管疾患、肝疾患、指定難病が追加されました。[10] 今後若年性認知症も対象となることが望まれます。

このように、病気になっても治療をしながら就労する基盤は整備されつつあります。今後は、若年性認知症も反復・継続して治療を行う必要がある傷病として、本人や当事者が申し出ることはもちろんのこと、事業者側で両立支援の体制を整備できるかどうかがカギになるでしょう。

5　事業所の意識と今後の展望

ようやく両立支援が始まったところですが、若年性認知症に関しても本人が希望すれば、事業所としても就労継続のために医療機関と連携していってもらいたいと思います。若年性認知症の人がそれぞれの状態に応じた適切な支援を受けられる職場の環境づくりが、今後の課題です。

そこで、A県で「企業・団体の人事・労務担当者および支援機関」を対象とした研修会の参加者に実施したアンケート調査から考えます。

以下は、A県内の2か所の会場で2019年11月と2020年1月にそれぞれ開催された「若年性認知症支援ネットワーク研修」で、アンケートの趣旨を説明し同意を得た人の回答結果です。質問紙の配布数は155、回収数は78（回収率は50・3％）でした。主な参加者は人事担当者が9人（11・5％）、一般従業員13人（16・7％）、経営者・管理者が3人（3・8％）などでした（表1、2）。回答はすべて自由記述形式にしました。

❶ 研修会への参加動機

〈若年性認知症の方につかえる制度を学びたかったから〉

「活用できる制度やサービスについて知りたかった」

「若年性認知症の方の就労問題を解決するための制度や方法について知りたかったから」

〈両立支援に関心があった〉

「若年性認知症の両立支援に興味があった」

〈若年性認知症と診断された方が、身近にいたため〉

「地域において、実際若年性認知症の方がおられ、支援しているため」

「職場で、若年性認知症の方がいた」

〈職場・上司からの紹介〉

表1）参加者の職場での立場

産業医	人事担当者	一般従業員	その他	無回答
0	9	13	37	19

表2）その他の内訳

衛生管理者	2
経営者・管理者	3
総務担当	1
相談職・保健師・看護師	4
無記入	27

「職場での案内」

「会社にすすめられて」

❷ 現在の職場体制で、若年性認知症の従業員に可能な対応として考えられること

〈業務（所属課）の配置換え・仕事内容の見直し、軽減〉

「認知症があっても働ける部署への異動」

「配置換え、時短勤務など」

「仕事内容の選定・いろんな工夫」

〈同僚や組織の協力体制〉

「職場全体でのサポート体制確立・本人の能力に合わせた仕事提供・安心して仕事できる職場づくり」

「支援体制を構築することから」

「理解をもって対応ができると考えられる」

「雇用主や管理の立場ではないが、同僚として疾病への理解や就労継続の助けとなるような対応」

〈難しい〉

「対人関係の多い職場であるため、なかなか難しい面もあると思う」

「即は考えられません。まず、若年性認知症について知ることがスタートだと思いますが、上に立つ人ほど理解する必要もあると思います」

「よくわからない。軽度の段階では仕事はできるが、進行すると仕事をするのは無理かと思う」

③ 考察

参加者は、関心がある人や職場のすすめで参加した人たちです。今後のことを考えて利用できる制度やサービスを理解しておいたほうがよい、という動機でしょう。

研修後にいまの自分の職場で若年性認知症の人にどんな対応ができるかとの問いに対して、一つは、仕事の見直しや業務量の調整などは可能として、配置転換や時間短縮の方法が提案できるという回答があります。こうしたことは、おそらく本人の申し出により主治医や産業医と労務管理者が本人や家族と話し合うことで可能になるでしょう。

二つ目に、職場の協力体制に関して、安心して仕事のできる職場づくりやサポート体制の構築という回答があります。これは、若年性認知症の病気や周辺症状などの医学的な知識だけでなく、本人の現在の状況や希望などに沿った環境づくりも含まれます。本人や家族が病気の情報をある程度提供していかないと、協力体制をつくるのが難しいでしょう。その際、本人が上司に協力を要請したり、家族が事業者とやりとりしたりするのは、精神的にも負担が大きいと思います。調整役が間に入っていくことが必要でしょう。誤った受け取り方や情報だけが一人歩きしないように、職場内で本人を中心に共通理解をしていくことが大事です。

第4章で取り上げたD社の人事担当者は、「家族の会」から研修に来てもらって職場内での共通理解を深めています。サポーティブな関係ができているかどうかは、長くその職場で働いていた当事者には理解できます。第5章の「レイの会」のメンバーは、「職場内での雰囲気はわかる」といっています。第2章の松本照道さんも、昼ご飯をいっしょに食べる人が職場にいなくて、その時間はつらかったと話していました。

職場の協力体制とは、業務量の調整だけでなく、若年性認知症という病気を理解し、職場が受け入れることです。本人が病気を受け入れることに時間がかかるように、職場もまた時間がかかります。そうした職場づくりをするのが両立支援コーディネーターや労務管理の役割であり、組織をサポートするのが若年性認知症支援コーディネーターではないかと考えます。

6 両立支援と若年性認知症支援コーディネーターの役割の明確化

若年性認知症支援コーディネーターの設置は、2015年1月27日の「認知症施策推進総合戦略（新オレンジプラン）」によって2016年度から事業予算化されました[11]。

職場における治療と仕事の両立支援は、労働者が申し出てスタートします。そこで、若年性認知症支援コーディネーターなどが申し出る本人の意向をキャッチアップして、どんな働き方をしたいのか、本人の自己決定支援をする必要があります。自分の今後をどう考えるのか、配置転換を望むのか、どんな働き方が希望なのかなどについて、自己決定のプロセスサポートが必要です。その役割は、若年性認知症支援コーディネーターをはじめとするソーシャルワーカーが担うべきではないかと考えます。

私（田中）は企業内調整について、企業の人事労務担当部署が両立支援コーディネーターの役割を担い、若年性認知症支援コーディネーターは本人と事業所の両立支援コーディネーターや労務管理担当部署との間を調整するほうがよいのではないか、という意見です。なぜなら、若年性認知症の人の代弁機能を担う人が必要だからです。

それは、若年性認知症の人が自分の思いをうまく表現できない場合があるからだけではありません。疾患の特性だけでなく、そもそも従業員や家族は解雇や意にそぐわない配置転換などに不安をもっています。また、雇われているという立場に加え、もの忘れによってすでに職場の同僚や担当部署にミスをカバーしてもらっているという負い目を感じている場合もあります。結果的に弱い立場であり、事業者と対等な立場で話し合いができるとは限りません。さらに、本人は家族とも思いが違う場合があります。

そこで、「誰が本人に寄り添うのか」「誰が本人の思いを引き出し、本人の希望する形にしていくのか」、「誰が家族の思いを聞くのか」が問われます。それには、中立的な第三者の専門職が適切だと考えます。

第3章で松本恭子さんが述べたように、本来は「本人も家族も、この病気で周囲に迷惑をかけているとは思ってほしくない」というのが当たり前だと考えます。けれども、本人が記憶力の低下によって職場内で周囲のサポートを受けるようになると、「迷惑をかけている」「申し訳ない」という気持ちになってしまうものです。家族はそうしたことにストレスを感じるので、職場に対して本人とは違う印象をもつかもしれません。

本人、家族、職場の協力関係は、本人を軸に構築することを第一に考えてほしいと思います。したがって、職場の環境整備や本人がそのときにできる仕事や役割を自己決定していくプロセスへの支援が必要になります。それこそが、本人を中心にした支援であるといえます。

注釈

(1)「認知症施策推進総合戦略（新オレンジプラン）～認知症高齢者等にやさしい地域づくりに向けて～」「『認知症施策推進総合戦略（新オレンジプラン）～認知症高齢者等にやさしい地域づくりに向けて～』について」資料2、厚生労働省ホームページ、https://www.mhlw.go.jp/file/04-Houdouhappyou-12304500-Roukenkyoku-Ninchishougyakutaiboushitaisakusuishinshitsu/02_1.pdf

(2)社会福祉法人仁至会認知症介護研究・研修大府センター編『若年性認知症支援コーディネーター配置のための手引書』２０１５年、11頁

(3)社会福祉法人仁至会認知症介護研究・研修大府センター編「令和元年度認知症介護研究報告書〈企業での就労が困難となった若年性認知症の人への支援のあり方に関する調査研究事業〉」２０１９年

(4)前掲『若年性認知症支援コーディネーター配置のための手引書』44頁～49頁

(5)働き方改革実現会議「働き方改革実行計画」首相官邸ホームページ、http://www.kantei.go.jp/jp/singi/hatarakikata/pdf/honbun_h290328.pdf

(6)厚生労働省「事業場における治療と仕事の両立支援のためのガイドライン」（平成31年3月改訂）、2頁

(7)厚生労働省「第13次労働災害防止計画」厚生労働省ホームページ、https://www.mhlw.go.jp/content/11200000/000341158.pdf（２０２０年5月16日アクセス）

(8)厚生労働省労働基準局安全衛生部治療と仕事の両立支援室「治療と職業生活の両立支援についての取り組み」厚生労働省ホームページ、https://www.mhlw.go.jp/file/05-Shingikai-10901000-Kenkoukyoku-Soumuka/0000213499.pdf

(9)「事業者の方が労働者の傷病の特性に応じた治療と仕事の両立支援制度を導入または適用した場合に事業者が費用の助成を受けることができる制度」。助成金の対象の傷病は「がん、脳卒中、心疾患、糖尿病、肝炎などの反復・継続して治療が必要となる傷病のこと」とされている。また両立支援制度としては、「雇用する反復・継続して治療を行う必要がある傷病を負った労働者の治療と仕事との両立の支援に資する一定の就業上の措置」として「時間単位の年次有給休暇、傷病休暇、病気休暇（取得条件や取得中の処遇（賃金の支払いの有無等）は問わない）などの休暇制度や、フレックスタイム制度、時差出勤制度、短時間勤務制度、在宅勤務（テレワーク）、試し出勤制度などの勤務制度など」が示されている。厚生労働省ホームページ「治療と仕事の両立支援助成金」リーフレット、https://www.mhlw.go.jp/content/11200000/000534113.pdf

(10)治療と仕事の両立支援ナビ「診療報酬について」厚生労働省ホームページ、https://chiryoutoshigoto.mhlw.go.jp/remuneration/index.html（２０２０年5月31日アクセス）

(11)「認知症高齢者等にやさしい地域づくりのための施策の推進」「平成28 年度予算概算要求の概要（参考１）新規施策等関係資料」厚生労働省ホームページ、https://www.mhlw.go.jp/wp/yosan/yosan/16syokan/dl/04-12.pdf

参考文献

・厚生労働省労働基準局安全衛生部治療と仕事の両立支援室「治療と職業生活の両立支援についての取り組み」https://www.mhlw.go.jp/file/05-Shingikai-10901000-Kenkoukyoku-Soumuka/0000213499.pdf

・厚生労働省労働基準局安全衛生部長通知「働き方改革実行計画を踏まえた両立支援コーディネーターの養成について」基安発０３３０第1号平成30年3月30日、https://www.mhlw.go.jp/file/06-Seisakujouhou-11200000-Roudoukijunkyoku/0000203262.pdf

あとがき

この本は、私の研究室に所属した大学院生の松本恭子さんの研究テーマ「若年性認知症の就労支援」を発展させたものです。

このテーマについては、恭子さんが２０１９年４月に入学して以来、何度となく検討しました。恭子さんの思いは、夫の照道さんがなぜ退職させられたのか、いまの時代と何が違うのかを明らかにしたい、ということでした。

しかし、照道さんが若年性認知症の可能性を指摘されて退職した２００１年当時と現在とでは、時代背景も違います。共通点もありますが、２００４年以降に照道さんをはじめ多くの当事者が自ら声を上げ社会に発信してきたことで、若年性認知症の対策は前進しました。

さらに「認知症の人と家族の会」（以後「家族の会」）の活動や調査研究によって、本人交流会など身近な地域に集まる場や活動の場が開設されるようになりました。支援者と当事者がともに運営に関わる場や、ピアサポーターとして活躍する人も紹介されています。

政策や施策だけでなく、若年性認知症を含む認知症全般に対する理解も、社会的に進んでいきました。提供されるサービスも多様になり、若年性認知症は高齢者の認知症とはニーズが異なることも理解されるようになりました。そのため、単純な比較は難しいと考えました。

しかし、問題がなくなったわけでもありません。いまでも若年性認知症と診断されれば、本人も家族も悲しみや不安を抱え、これから先の人生をどうすればよいのかと思ってしまう状況は変わりません。そこで、なぜそうなるのか、どんな支援があれば本人や家族が笑顔でその先の人生に展望をもって生きていけるのか、を考えることにしました。

ところが入学して1か月後の5月、恭子さんにすい臓がんが見つかりました。それからも恭子さんは、がんの痛みや抗がん剤治療の副作用とたたかいながら、自身の研究を続けました。余命も宣告されていました。私は恭子さんと「どう生きたいのか」を何度か話し合いました。

そのうちの一つが、照道さんの一周忌の法要を盛大に行うことでした。それは思い通り盛大にできたそうです。そこに恭子さんが込めたのは、照道さんは会社を辞めた後、こんなに多くの人とつながって支えられ、18年間を笑顔で生活したことを知ってほしかった、ということでした。

研究テーマの答えは、「レイの会」と一般社団法人SPSラボ若年認知症サポートセンター「きずなや」（以後「きずなや」）で見つけることができました。

「レイの会」はとにかく楽しい。楽しいことを本人たちが自分で考えています。それが形になるように、若年性認知症支援コーディネーターの伊藤美知さんが少しずつ環境を整えます。けれども、主体は「レイの会」のメンバーであるという軸は崩しません。また「きずなや」は、ピアサポートという形で本人主体の活動のプロセスを重視しています。

どちらも、本人が決定していくプロセスを支援しているのです。このことが、若年性認知症の本人や家族にどんな支援が必要かという答えの一つです。

若年性認知症という診断を聞いたとき、いまでも本人はショックを受けるでしょうし、家族も同じでしょう。しかし、本人と家族の受け止め方は違います。それぞれが不安に思うことに、個別に寄り添う必要があると考えます。

本人には家族にいえないこともあるでしょうし、自分に起こっているさまざまな状況や病気のことを考える時間が家族とは異なってきます。答えを探すまでにかかる時間も、家族や周囲とは異なってくるでしょう。したがって、家族とは別の第三者が意思決定のプロセスを支援することによってこそ、本人の望む人生を形づくっていけます。

家族も葛藤や不安を抱えています。家族だけが抱える課題もあります。そこに寄り添い、共感する場や人が必要でしょう。家族はずっとがんばる立場であり続けるのではなく、受け止めてもらう場や時間も必要だと考えます。

また、家族や本人を支援し、主治医や職場と調整するには、中立的な若年性認知症支援コーディネーターのような存在が必要でしょう。職場と家族が二者でやりとりをすれば、互いに困っている立場同志での話し合いになり、共感しにくいものです。

家族の立場に立てば、職場から受診をすすめられ、これまでの職場での様子を告げられるのは、まったくいきなり

京都で講演会の演壇に立つ松本夫妻。この日の照道さんは原稿を読むことができず、恭子さんが引き継いで話を続けた（2005年6月）

のことです。しかしほとんどの職場は、異変に気づきつつどうにか本人をカバーしてきている経過を踏まえて、家族に話をしていることでしょう。だからこそ、職場と当事者をつなぐ若年性認知症支援コーディネーターなどが間に入ることが望まれます。間に入って本人と家族の思いを受け止めて調整することで、本人を真ん中にしてよりよい方向性が見出せます。

若年性認知症支援コーディネーターの配置は、２０１５年の「認知症施策推進総合戦略（新オレンジプラン）」によって強化されるようになりました。本格的な若年性認知症の支援は、まだ始まったばかりです。

この研究をいっしょに進めていた恭子さんの体調は、年が明けて２０２０年になった頃から思わしくありませんでした。けれど恭子さんは、最後まで研究を続けることを願っていました。インタビュー調査にもいっしょに出かけました。アンケート調査もいっしょでした。そのときにできることをしようと、精一杯でした。

「私はとうさんの異変に最初、まったく気がつかなかった」

という恭子さんに、私はこう答えました。

「照道さんもおそらく恭子さんに心配をかけないように、気づかれないようにされていたのですから、気がつくのは難しいですよ」

京都での講演会の翌朝、自宅のリビングで原稿を読んでいた照道さん（2005年6月）

互いに思いやり、心配をかけないように思う気持ちが発見を遅くする場合もあります。そのことを悔いるのではなく、むしろ病気になったとき、すぐに受診ができ、診断結果を報告し、その後の対応を考えていける社会になるように力を注ぐことが大事でしょう。

恭子さんに教えてもらったことの一つは、当事者や家族の思いは客観的な思いではない、ということでした。診断から退職までが早いと、家族は会社から一方的に退職勧奨されたと思うでしょう。2007年に広島で開催された「若年期認知症サミット」で、恭子さんはシンポジストとして、照道さんが退職したときのことを次のように発言していました。

「きっと上司は、いろいろなミスをしでかし、同じことを何回も聞いてくるおとうさんを、早く査定から外したかったんじゃないかと思います(1)」

家族の思いはそうなのだ、と思いました。

家族と会社、家族と主治医、家族と支援機関との間に入る人がいなければ、家族は自分ですべてを決めていかなければなりません。その決断がよかったのかどうかなど、そのときに考える余裕はありません。サービス導入時に家族は困っているため、早く何とかしたいと思い、支援者として、早急なアドバイスや社会サービスの提供に努めるものですが、それは結果的に本人の思いに沿っているのかどうかを、いま一度考えることも必要だといえます。

たとえば、就労継続は本当に本人の希望なのか、それとも家族の思いなのか、などを考えてみることも必要です。家族は家族の立場で考えるでしょうし、本人は本人の立場で考えます。支援者はどちらにも寄り添うことが必要ですが、それは、当たり前のようで当たり前になっていないのです。

恭子さんは最後まで、照道さんを介護した18年間を自ら見つめ直していました。「家族の会」の会報「ぽ～れぽ～れ」の「本人登場」の記事を読み返し、「こんなにいろいろな、診断後の人生や居場所があるのかと思った」と話していました。そして社会は、若年性認知症と診断されても、その次の人生を歩んでいくことができるように進んでいる、と話し合いました。

3月になると、新型コロナウイルス感染症について特に配慮が必要になりました。ゼミもオンラインに切り替え、できるだけ数を増やしました。4月以降もオンラインでゼミは続けましたが、外出自粛によって、何もできない状況になりました。ほかの研究者と大学院生が参加して議論する研究会もなくなりました。照道さんが亡くなった後に取り組まれた「夜の認知症カフェ」にも、恭

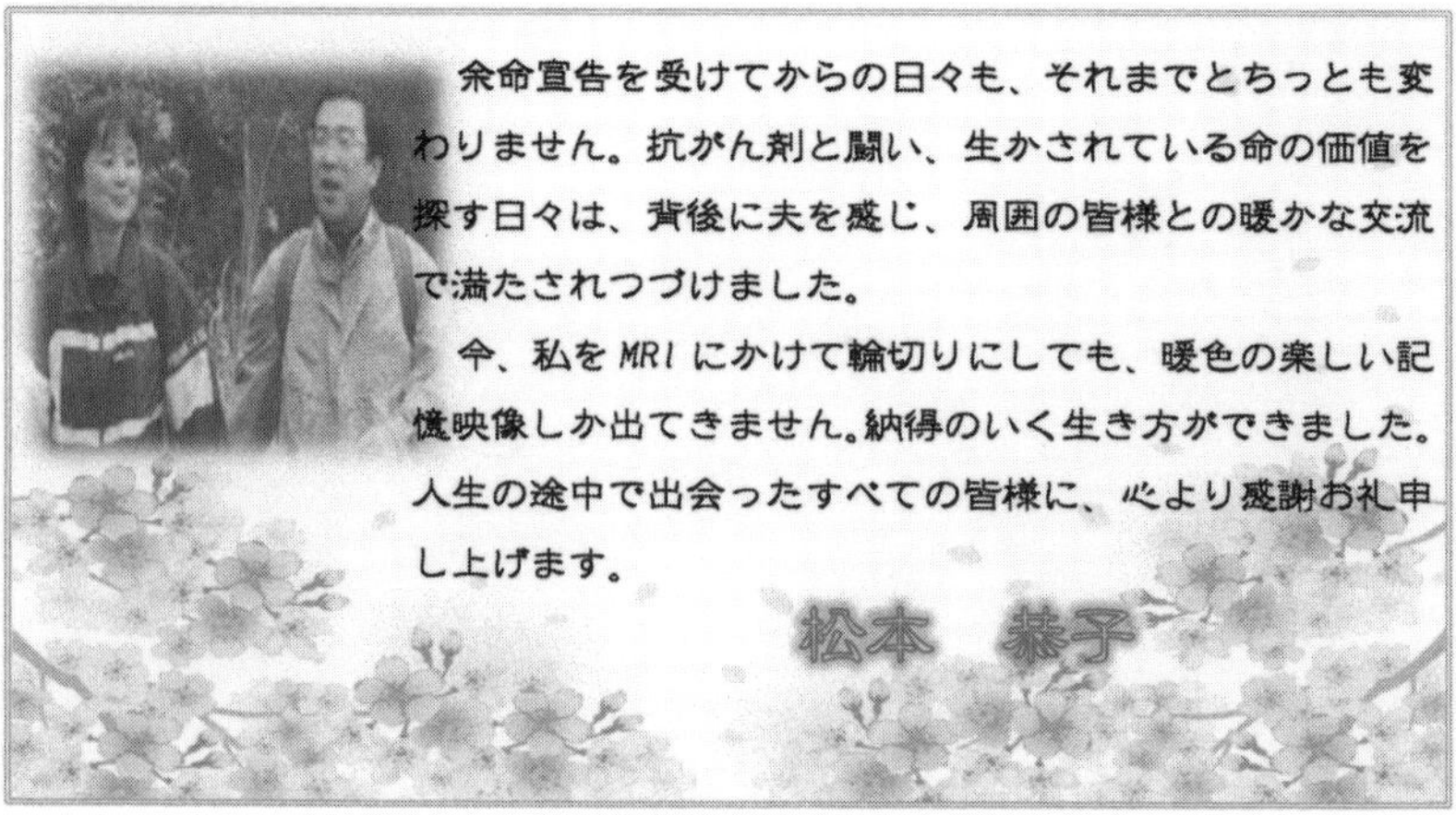

余命宣告を受けてからの日々も、それまでとちっとも変わりません。抗がん剤と闘い、生かされている命の価値を探す日々は、背後に夫を感じ、周囲の皆様との暖かな交流で満たされつづけました。
今、私をMRIにかけて輪切りにしても、暖色の楽しい記憶映像しか出てきません。納得のいく生き方ができました。人生の途中で出会ったすべての皆様に、心より感謝お礼申し上げます。
松本　恭子

恭子さんからの最後のメッセージ

子さんは出かけることができなくなりました。その頃から体調のすぐれない日が増えてきました。そして2020年5月26日、恭子さんは旅立ちました。

恭子さんに出会って、いっしょに考えて、たくさんのことを教えてもらいました。当事者に寄り添い、本質を問うことの意義を考えていくことが、この先の課題のように思います。

また、恭子さんといっしょに議論し、時には友人であり、ゼミ生であり、サポーターでもあった同じ研究室の伊藤由美子さん、酒井珠江さん、山地恭子さんに感謝します。それぞれの研究をいっしょに議論したこと、そうした時間を共有できたこと、本当にありがとうございました。

2020年10月

田中聡子

注釈

(1)社団法人認知症の人と家族の会「若年期認知症サミット―本人と家族の困難と生きる道―報告書」2007年

プロフィール● 松 本 恭 子（まつもと・きょうこ）

1956年、鳥取県生まれ。大学卒業後、同県で教諭となる。教員1年目に職場の先輩の紹介で照道さんと出会い、2年目に結婚（照道さん31歳、恭子さん24歳）。照道さんの転勤を機に広島県に移住、教員採用試験を受け直し、以降2001年からは照道さん（52歳）の介護をしながら2017年3月の定年退職（教頭）まで教員を続ける。退職後、照道さんを自宅で介護するために看護学校に入学。2年目の2018年10月に照道さんが亡くなる。

その後、周囲の支えへの感謝から、団地の世話人や民生委員を引き受け、また、若年性認知症の人たちのための「夜の認知症カフェ」の活動に取り組みはじめる。

2019年4月、照道さんが若年性認知症のうたがいがあると言われてからの18年間をまとめ、世に問うために県立広島大学修士課程に大学院生として入学。1か月後にすい臓がんが見つかる。診断後も抗がん剤治療を受けながら研究を続け、入退院を繰り返しながら「夜の認知症カフェ」へも参加。

闘病の末、恭子さんの誕生日である2020年5月26日、照道さんのもとへ旅立つ（享年64歳）。

田 中 聡 子（たなか・さとこ）

県立広島大学保健福祉学部教授。博士（社会福祉学）、社会福祉士。研究テーマは貧困問題、ひとり親家庭の問題、地域包括ケア。

障害者施設、社会福祉協議会、地域包括支援センターで勤務。この間に、介護サービス第三者評価の調査員やNPO法人でホームレス支援に携わってきた。2010年より県立広島大学保健福祉学部に着任し現在に至る。

著書に『福祉再考―実践・政策・運動の現状と可能性』旬報社、2020年（共編著）、『子どもの貧困／不利／困難を考えるIII―施策に向けた総合的アプローチ』ミネルヴァ書房、2019年（共編著）、『福島原発事故―漂流する自主避難者たち』明石書店、2016年（共著）など。

若年性認知症を
笑顔で生きる　笑顔で寄り添う

2020年12月15日　初版発行

編　著●©松本恭子・田中聡子
発行者●田島英二
発行所●株式会社 クリエイツかもがわ
〒601-8382　京都市南区吉祥院石原上川原町21
電話 075(661)5741　FAX 075(693)6605
http://www.creates-k.co.jp　info@creates-k.co.jp
郵便振替　00990-7-150584

編集●小國文男
写真・資料提供●松本照道・恭子
装丁・デザイン●菅田　亮
印刷所●モリモト印刷株式会社

ISBN978-4-86342-299-5 C0036　printed in japan

認知症を乗り越えて生きる　“断絶処方”と闘い、日常生活を取り戻そう

ケイト・スワファー／著　寺田真理子／訳

49歳で若年認知症と診断された私が、認知症のすべてを書いた本！

医療者や社会からの“断絶処方”でなく、診療後すぐのリハビリと積極的な障害支援で今まで通りの日常生活を送れるように！　不治の病とあきらめることなく闘い続け、前向きに生きることが、認知症の進行を遅らせ、知的能力、機能を維持できる！　2200円

私の記憶が確かなうちに　「私は誰？」「私は私」から続く旅

クリスティーン・ブライデン／著　水野裕／監訳　中川経子／訳

46歳で若年認知症と診断された私が、どう人生を、生き抜いてきたか。22年たった今も発信し続けられる秘密が明らかに！　世界のトップランナーとして、認知症医療やケアを変革してきたクリスティーン。認知症に闘いを挑むこと、認知症とともに元気で、明るく、幸せに生き抜くことを語り続ける…。　2000円

認知症の本人が語るということ　扉を開く人　クリスティーン・ブライデン

永田久美子／監修　NPO法人認知症当事者の会／編著

クリスティーンと認知症当事者を豊かに深く学べるガイドブック。認知症の常識を変え、多くの人に感銘を与えたクリスティーン。続く当事者発信と医療・ケアのチャレンジが始まった……。そして、彼女自身が語る今、そして未来へのメッセージ！　2000円

私は私になっていく　認知症とダンスを〈改訂新版〉

3刷

クリスティーン・ブライデン／著　馬籠久美子・桧垣陽子／訳

ロングセラー『私は誰になっていくの？』を書いてから、クリスティーンは自分がなくなることへの恐怖と取り組み、自己を発見しようとする旅をしてきた。認知や感情がはがされていっても、彼女は本当の自分になっていく。　2000円

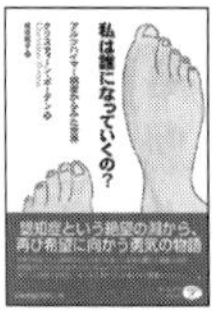

私は誰になっていくの？　アルツハイマー病者から見た世界

22刷

クリスティーン・ボーデン／著　桧垣陽子／訳

認知症という絶望の淵から再び希望に向かって歩み出す感動の物語！

世界でも数少ない認知症の人が書いた感情的、身体的、精神的な旅―認知症の人から見た世界が具体的かつ鮮明にわかる。　2000円

必携！認知症の人にやさしいマンションガイド　多職種連携からみる高齢者の理解とコミュニケーション

一般社団法人日本意思決定支援推進機構／監修

「困りごと」事例から支援や対応のポイントがわかる。居住者の半数は60歳を超え、トラブルも増加しているマンション。認知症の人にもやさしいマンション環境をどう築いていくか。認知症問題の専門家とマンション管理の専門家から管理組合や住民のみなさんに知恵と情報を提供。　1600円

実践！認知症の人にやさしい金融ガイド　多職種連携から高齢者への対応を学ぶ

2刷

一般社団法人日本意思決定支援推進機構／監修　成本迅・COLTEMプロジェクト／編著

認知症高齢者の顧客対応を行う金融機関必携！　多くの金融機関が加盟する「21世紀金融行動原則」から、金融窓口での高齢者対応の困りごと事例の提供を受け、日々高齢者と向き合っている、医療、福祉・介護、法律の専門職が協働で検討を重ねたガイド書。　1600円

http://www.creates-k.co.jp/